图说武当秘技系列

武当秘传内功

宋正华 著

人民体育出版社

图书在版编目（CIP）数据

武当秘传内功 / 宋正华著. -- 北京 : 人民体育出版社, 2023（2025.1重印）
（图说武当秘技系列）
ISBN 978-7-5009-6266-3

Ⅰ. ①武… Ⅱ. ①宋… Ⅲ. ①内功—基本知识—中国 Ⅳ. ①G852.6

中国版本图书馆CIP数据核字(2022)第255047号

*

人民体育出版社出版发行
三河兴达印务有限公司印刷
新　华　书　店　经　销

*

880×1230　32开本　8.625印张　221千字
2023年4月第1版　　2025年1月第3次印刷
印数：4,501—6,500册

*

ISBN 978-7-5009-6266-3
定价：35.00元

社址：北京市东城区体育馆路8号（天坛公园东门）
电话：67151482（发行部）　　邮编：100061
传真：67151483　　邮购：67118491
网址：www.psphpress.com
（购买本社图书，如遇有缺损页可与邮购部联系）

丛书绘图组

高　翔　　丁亚丽

高　绅　　李梦瑶

总 序

2017年，中共中央办公厅、国务院办公厅印发了《关于实施中华优秀传统文化传承发展工程的意见》（以下简称《意见》），并发出通知，要求各地区各部门结合实际认真贯彻落实，体现了党和政府对中华优秀传统文化的重视。

在国民教育方面，《意见》提出，加强中华优秀传统文化相关学科建设，重视保护和发展具有重要文化价值和传承意义的“绝学”、冷门学科。在保护传承文化遗产方面，《意见》提出，推动民族传统体育项目的整理研究和保护传承。

中华武术有着数千年的发展历史，是中华民族在社会实践中创造的宝贵财富，是中华文化的重要组成部分。武当武术作为“内家之宗”，在武术爱好者中具有较高的认知度。正是基于此，我们策划了这套“图说武当秘技系列”丛书。

本套丛书种类齐全，既有养生法，又有技击术，还有大力功，精心选取与展现了丰富多彩的武当诸派秘技；注重练法，注重实效，突出“图说”，简明扼要，便于阅读和学习。丛书编写者都是武当武术相关的专家、学者、教授，他们既有自身体验，又有教学经验，既有很高的技术水平，又有很深的学术造诣。当然，不足之处在所难免，欢迎读者批评指正，以利今后进一步充实与完善。

内容提要

何谓内功？内功主要相对于“外功”而分，顾名思义，就是偏重练习与增强人体内气内劲的功夫。其歌诀曰：“内练一口气，指挥靠神意。有静还有动，内里生功力。周身运行去，浑然成一体。内养再内壮，内硬无人敌。”

内功练法很多，虽然各有偏重，但大都不出内养、内壮、内硬三功范畴。内养功：静功较多，意念较轻，劲法柔绵，偏重养生，疗病去病，如“静坐功”“放松功”“元气功”“六字诀”“八段锦”等功。内壮功：动功较多，劲法柔韧，偏重贯注，补气增力，强身健体，如“筋经功”“贯注功”“通臂功”“浑元劲”“玄罡劲”等功。内硬功：劲法刚猛，意念强烈，配合排打，偏重硬劲，求强求硬，如“铁布衫”“金钟罩”“桶子劲”“红砂手”“铁扫帚”等功。

武当内功是武当武术非常重要的功夫，因为门派秘传与不易自学的缘故，再加上其本身“内景”较多，只可意会，不易言传，常被视为“武林玄功”与“武当秘学”。相对于别门内功而言，武当内功大多偏重养生，动作偏柔，劲法内敛，练法细腻。

1. 无极内功，属武当动功行气法，其以动带息，以动带气，以动练气，以动养气；方法简单，容易练习，便于自学。其呼吸，采用独门“无极气法”。其动作徐缓柔绵，腰动气随，运劲自然，即所谓“无极真劲”。

2. 太和内功，徐缓柔绵，顺中带劲，“周流运化，自然养生”。其内练吐纳，大补元气，外练柔劲，导气贯力。一旦有成，则“内外太和”，外则筋肉弹性，反应敏捷，身轻步灵；内则精神愉快，体感舒适，却病延年。

3. 太乙内功，“内含本元大道，是为真功秘技，自然生发灵力”“导气致和，引体致柔，吐故纳新，易筋洗髓”。练之可使骨节灵活，五脏坚实，精气充盈，经络畅通，为武当高层丹法修炼打下良好根基。

4. 华岳内功，也叫华岳混元功，是武当内功中一种聚能迅速、功效显著的功法。常练此功，可以补虚养元，集聚内能；改善体质，延年益寿；增强力气，自卫防身。

5. 浑元内功，刚柔相济，阴阳相合，练养元气，畅通经络，内强脏腑，由内达外。功成之后，内力强大，外力整壮，浑元一体。浑元内功，分为三种，坐功养气法、柔力行气法、运气贯力法。

6. 乾坤内功，分为两种，一是内壮功，二是盘坐功。其内壮功，有开元功、贯注功、开合功、操架功四类，要求气与劲合，使人经脉活泼，筋骨强壮。其盘坐功要求意与气合，使人元真充沛，内脏康健。

7. 玄武内功，练法独特，完整全面，功效显著，练之可强筋骨、健百骸、活气血、增力量。坚持练习本功，练到一定层次，还可激发潜能，所谓“增力又抗击，发力即伤敌”。

8. 紫霄内功，属传统秘传，共分三种，丹田功、六阳功、三阴功。丹田功是其基础，练之可使人肺强气足，内能充盈。六阳功是行气贯气法，使人内壮外强，周身有力。三阴功，通过内功“意想假借”，激发潜能，增强内劲。

9. 隐仙内功，分为三种，一气法、行气法、贯劲法。一气法是其入门内功，通过“降气法”“升气法”“抟气法”，养气练气，采气得气。行气法是其内功进阶，为内劲生发打下良好根基。贯劲法是其内功重点，为进一步强身或临敌所用。

目 录

第四章　武当华岳内功 / 94

第五章　武当浑元内功 / 106

第一章

武当无极内功

中华传统哲学认为，无极即道，其状态比太极更加原始，可谓为太极之根源。

修道者讲究与道合一，道门术语叫“与道合真”。努力追求，欲返元初之态，即“复归无极”。

无极内功，据传是由武当祖师张三丰所创，尔后辗转流传开来。

本功属武当动功行气法，其以动带息，以动带气；以动练气，以动养气；方法简单，容易练习，便于自学。

本功呼吸，采用独门“无极气法”。即无论动作，还

是定势；无论蓄势，还是用力，全部采用自然调息法。即不管是呼是吸，不管是长是短，只管练下去，气息任由身体自我调节。读者请注意此点，多加体会。

呼吸之时，不要刻意调息，故使深长，或胡吸乱呼，导致气法散乱，血脉偾张，难得无极内功真髓。

动作之时，要心定神闲，周身舒松，徐缓柔绵，腰动气随，运劲自然，即所谓“无极真劲”。不要强用拙劲，硬显大力，导致筋骨紧张，周身发僵，偏离无极武功正轨。

一、怀抱太极

【练法】

1. 两脚开步，与肩同宽，两膝伸开；两掌垂于体侧，全身放松。目视前方。（图1–1）

图1–1

2. 两掌缓缓自体侧抬起至下腹前，成抱球状（两掌撑七抱三，即外撑七分、内抱三分），掌心向里，中指约对肚脐（神阙穴）；同时，两腿略屈膝稍蹲。（图1–2）

图1–2

图1–3

3. 左掌向左、向上、向右划弧，右掌向右、向下、向左划弧，成抱球状。左掌在上约停于膻中穴前，右掌在下停于小腹（丹田）前，两掌劳宫穴相对。（图1–3）

《武当内功秘诀》载："丹田，俗名小腹，乃元气之府。元气乃生命之本，元气足则康，元气盈则壮。"

4. 左掌缓缓向左、向下、向右划弧，右掌向右、向上、向左划弧，在上腹成抱球状，掌心向里。（图1–4）

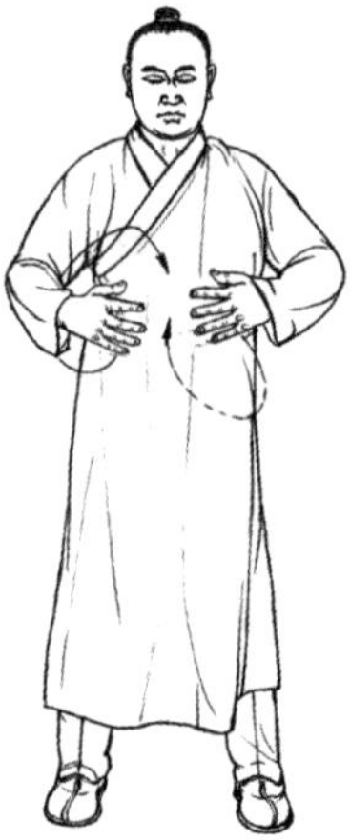

图1–4

图1–5

5. 右掌向右、向上、向左划弧，左掌向左、向下、向右划弧，成抱球状。右掌在上约停于膻中穴前，左掌在下停于小腹前，两掌劳宫穴相对。（图1–5）

6. 右掌向右、向下、向左划弧，左掌向左、向上、向右划弧，在上腹成抱球状，掌心向里。（图1-6）

上述动作，重复练习6次。

图1-6

图1-7

二、推开两仪

【练法】

1. 两掌缓缓外旋，掌心向上，指尖相对，约与脐平。（图1-7）

2．两掌缓缓上提，约至膻中穴前。（图1–8）

图1–8

图1–9

3．两掌内旋，缓缓向左右分开，掌心向前，指尖向上，置于两肩外前。（图1–9）

4. 两掌用柔力缓缓向前对肩推出，两臂自然伸开，掌心向前，指尖向上；同时，两腿伸开。（图1–10）

图1–10

图1–11

5. 两掌缓缓向外、向下、向里翻转环抱，至上腹位成抱球状，掌心向里，指尖相对；同时，两腿略屈膝下蹲。（图1–11）

上述动作，重复练习6次。

三、分开两仪

图1-12

【练法】

1. 两掌缓缓外翻，掌心向上。（图1-12）

图1-13

2. 两掌缓缓上提，约至膻中穴前。（图1-13）

3. 两掌内旋，缓缓向左右分开，掌心向前，指尖向上，置于两肩外侧。（图1–14）

图1–14

图1–15

4. 两掌用柔力缓缓向左右推出，两臂伸开高与肩平，掌心向外，指尖向上；同时，两腿伸开。（图1–15）

5. 两掌缓缓向下、向里弧形环抱，至上腹位抱球，掌心向里，指尖相对；同时，两腿微屈下蹲。（图1-16）

上述动作，重复练习6次。

图1-16

图1-17

四、两仪四象

【练法】

1. 两掌缓缓向里翻转，使掌心向下，指尖相对。（图1-17）

2. 两掌用柔力向左上方缓缓弧形划去，约与胸平，左掌在前，右掌在后，两掌心向下，两臂弯曲；同时，上体左转，重心左移，左膝向左弧形转动，右膝随之也向左弧形转动。（图1-18）

图1-18

图1-19

3. 两掌用柔力缓缓向右下方弧形划落，运行至上腹前，完成∞字形的左半个动作；同时，上体向右转正，两膝也由右向左弧形转动，重心移至中央。（图1-19）

4. 两掌缓缓向右上方划弧，详细练法同上。（图1–20）

图1–20

图1–21

5. 两掌弧形运行至上腹前，完成∞字形的右半个动作，身体转正。练法同上。（图1–21）

上述动作，重复练习6次。

五、负阴抱阳

【练法】

图1–22

1. 两掌缓缓下落，稍向外旋，使指尖斜向下而相接，掌心含空，掌根处轻轻按在肚脐两侧。（图1–22）

图1–23

2. 两掌缓缓上提，指尖向上，沿身前上移，过面部至头顶上方百会处，继下行至大椎穴，两拇指侧大鱼际处按大椎穴，头微前俯；同时，两腿自然直立，尾闾稍后突。（图1–23）

3. 两掌缓缓沿原路返回，在脑后转腕成指尖向上，沿头顶过面部，经体前下行至肚脐前，掌根小鱼际处按住肚脐两侧；同时，两腿稍屈膝下蹲。（图1–24）

图1–24

图1–25

4. 两掌缓缓分开，左掌心抱于脐部，右掌心抱于左掌背。（图1–25）

5. 上体左转，左掌向上、向左后方弧形柔力划行，逐渐内旋立起，指尖向上，掌心向左后方，左臂自然伸开，高与肩平；同时，右掌按腹稍向下捋。上体左转时，头部以颈椎为轴，随转体目视左掌背。（图1-26）

图1-26

图1-26附图

图1-27

6. 上体由左向右回转，右掌提起，按于脐前；左掌向下、向右柔力划运，掌心抱按右掌背，指尖向右。（图1-27）

7. 上体右转，右掌缓缓向上、向右后弧形柔力划行；左掌按腹稍向下捋。详细练法同上。（图1–28）

图1–28

图1–28附图

图1–29

8. 两掌缓缓返回，在上腹前抱球。详细练法同上。（图1–29）

上述动作，重复练习6次。

六、两仪相荡

【练法】

1. 两掌缓缓向外、向上弧形分开，转臂翻掌，至身后伸展，掌心向上，指尖向后；同时，上体前俯，两腿伸开。目视前下。（图1-30）

图1-30

图1-31

2. 两掌由身后向前、向外、向上弧形运行，转臂翻掌，掌心向上，经面部上方向左右弧形分开，两臂微屈（如托欲抱）；同时，上体后仰，两膝微向前顶，躯体成反弓状。（图1-31）

3. 上体还原，两腿自然站立；两掌向下、向里缓缓下落，在上腹前成抱球状，虎口在上撑圆。（图1–32）

上述动作，重复练习6次。

图1–32

图1–33

七、通天彻地

【练法】

1. 两掌缓缓沿腹前左右分开，按于胯外，两臂伸开，掌心向下，指尖向外。（图1–33）

2. 两掌缓缓在体侧以腕带动五指，从小指开始，依次弧形向外旋转，逐渐成拳，拳面向下，拳眼向前；双腿稍向下蹲。（图1–34）

图1–34

图1–35

3. 两拳向里上提，提至胸前两侧时，翻转成掌心向上，伸臂托举至头顶上方，两臂成半弧状，指尖相对；同时，两腿伸立。（图1–35）

4. 双掌从小指开始依次转动，使指尖向上，相合于头顶上方，两臂屈成环状。（图1-36）

图1-36

图1-37

5. 两掌经面前缓缓下落，合掌于胸前，指尖向上，约与颌齐。（图1-37）

6．两掌继续下落，至腹前指尖前转，掌根渐渐分开。（图1-38）

图1-38

图1-39

7．两掌缓缓外旋分开，成托球状，指尖相对，掌心向上。（图1-39）

八、抽坎填离

图1–40

【练法】

1. 两掌背缓缓向左右分撑，两臂伸开，指尖斜向下，虎口斜向前，掌心斜向里，遥遥相对；两腿略向下蹲。（图1–40）

图1–41

2. 两掌十指旋转，使掌心向下，随即上提，向外展臂伸开，高与肩平，指尖向外；同时，两腿伸开。（图1–41）

图1-42

3. 两掌缓缓向里屈臂平拢，环抱肩前，指尖向里相对。（图1-42）

图1-43

4. 两掌缓缓内转，掌心向下，指尖相对。（图1-43）

5. 两掌沿身前缓缓下按，至上腹外旋，成抱球状；同时，两腿略向下蹲。（图1–44）

上述动作，重复练习6次。

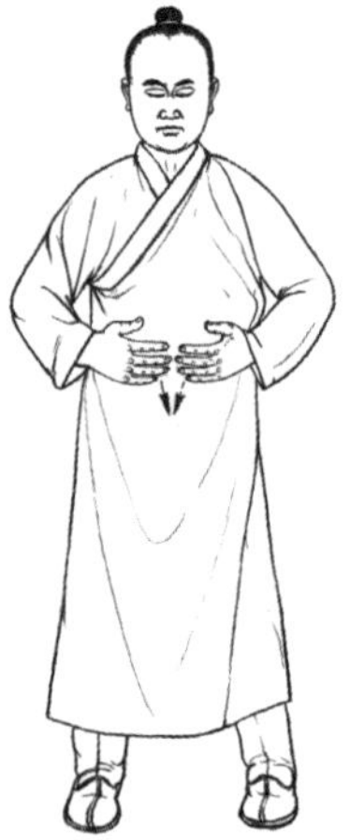

图1–44

图1–45

九、八卦运转

【练法】

1. 两掌指尖斜向下落，在小腹前相合，掌心相对（含空），十指尖相接。（图1–45）

2. 两掌向右缓缓划弧，至腹部右前方，左掌在上、右掌在下，如抱球状；身向右转。（图1–46）

图1–46

图1–47

3. 两掌向左缓缓划弧，至腹部左前方，右掌在上、左掌在下，如抱球状；身向左转。（图1–47）

4. 两掌向右、向上缓缓划弧，至脸部右前方；两掌相合，手心含空，指尖向后，左掌在上；身向右转。（图1–48）

图1–48

图1–49

5. 两掌同时缓缓向左、向上划行，至头部正前上方时指尖斜向上，随即向左右分开，掌心斜向外，两前臂竖起，上臂平肩；身体转正，两腿在两掌运行的过程中逐渐伸开。（图1–49）

6. 两掌继续划弧成圆，在两肋前环抱，指尖斜向下，掌心向里斜相对；同时，两腿略向下蹲。（图1–50）

上述动作，重复练习6次。

图1–50

图1–51

十、太极运转

【练法】

1. 左掌向上、向右划弧，右掌向下、向左划弧，在身前成抱球状。左掌在上停于胸前，右掌在下停于腹前。（图1–51）

2. 上体左转，两掌合抱缓缓运至身体左侧；同时，重心左移，左膝随上体左转弧形转动，右膝也向同方向弧形转动。（图1-52）

图1-52

图1-53

3. 两掌缓缓翻转，变成右掌在上之抱球状。（图1-53）

4. 上体向右回转，两掌缓缓合抱至身体正前，完成平行∞字形的左半个动作；同时，两膝也由左向右弧形转动，重心移至中央。（图1-54）

图1-54

图1-55

5. 上体右转，两掌合抱缓缓运至身体右侧。详法参上。（图1-55）

6. 两掌缓缓翻转，变成左掌在上之抱球状。详法参上。（图1–56）

图1–56

图1–57

7. 上体左转，重心移至中央；两掌缓缓合抱至身体正前，完成平行∞字形的右半个动作。详法参上。（图1–57）

上述动作，重复练习6次。

8. 上体右转，两掌抱球由身前缓缓转向右侧，左掌在上。（图1–58）

图1–58

图1–59

9. 上体左转，两掌由身体右侧缓缓向左弧形推运至身体左侧。（图1–59）

10. 两掌缓缓弧形翻转，仍成抱球状，右掌在上。（图1-60）

图1-60

图1-61

11. 上体右转，两掌抱球由左侧缓缓转向身前，右掌在上。（图1-61）

12. 上体右转，两掌抱球由身体前方，缓缓向右弧形推运至身体右侧。（图1-62）

图1-62

图1-63

13. 两掌缓缓弧形翻转，仍成抱球状，左掌在上。（图1-63）

14. 上体左转，两掌抱球由右侧缓缓转向身前，左掌在上。（图1–64）

上述动作，重复练习6次。

图1–64

图1–65

15. 右掌内转，掌心向下；左掌向下按落于腹前，两掌指尖相对。（图1–65）

16. 上体左转，两掌由身体前方缓缓向左、向上弧形划运至身体左侧，约与胸平。（图1–66）

图1–66

图1–67

17. 上体由左向右回转，两掌缓缓返回腹前。（图1–67）

18. 上体右转，两掌由身体前方，缓缓向右、向上弧形划运至身体右侧，约与胸平。（图1–68）

图1–68

图1–69

19. 上体由右向左回转，两掌缓缓返回腹前。（图1–69）

20. 两掌缓缓向前、向下划弧半圈，转成抱球状，掌心向内。（图1–70）

上述动作，重复练习6次。

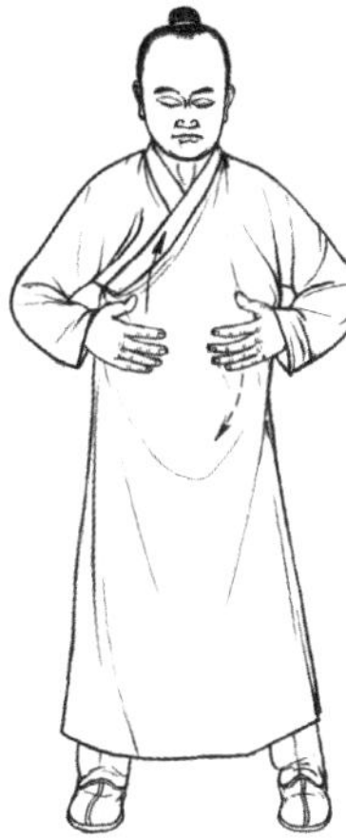
图1–70

图1–71

十一、归于无极

【练法】

1. 右掌缓缓上提至右胸前，左掌缓缓下沉至左腹侧。（图1–71）

2. 两掌同时缓缓划弧运劲，右掌向里、向下、向外，左掌向外、向下、向里，由大到小，连续不断地在身前运行3圈。划圈后，左掌顺势提至左胸前，右掌沉落至右腹侧。（图1–72）

图1–72

图1–73

3. 两掌再次缓缓划弧运劲，左掌向里、向下、向外，右掌向外、向下、向里，由大到小，连续不断地在身前运行3圈。划圈后，两掌随身体左转，顺势揉运至身体左侧斜抱球，约与腹平，右掌在上。（图1–73）

4. 上体右转；两掌向右一边划弧、一边揉运翻转，至身体右侧成左手在上之斜抱球，约与腹平。（图1-74）

图1-74

图1-75

5. 上体向左转正，两掌抱球运划至体前，左掌在上平胸，右掌在下平腹。（图1-75）

上述动作，重复练习6次。

十二、抱气归元

图1-76

【练法】

左掌缓缓向前、向下划弧，转成手心向上，约在脐下与右手相合，握成“子午诀”。然后，双目垂帘，全身放松，自然调息。（图1-76）

所谓自然调息法，就是不去刻意调息，不要多管呼吸，只意想气息下行，使筋肉慢慢松开，不大一会儿，体力有所恢复，气息自然调匀，即可收功，可保无弊。

此谓“气息下行去，勿忘勿助劲。呼吸自调匀，真元自归根”，乃为无极秘诀。

【附：子午诀】

1. 中指指尖为午位，无名指指根为子位。（图1-77）

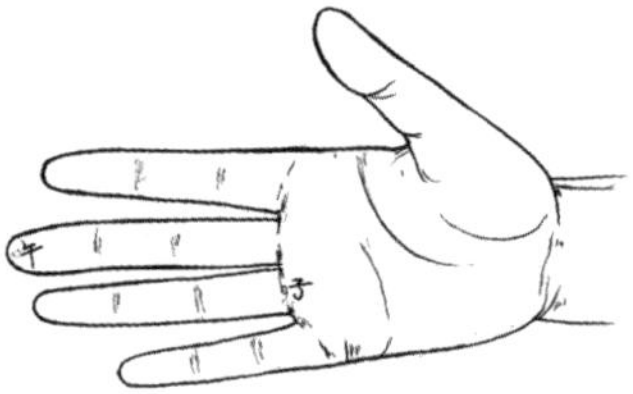

图1-77

2. 抱法以男左、女右，即男性为右掐、左抱，女性为左掐、右抱。此以男性为例：左手虎口与右手虎口相叉，左手拇指按在右手无名指指根为“子诀”，其余四指合抱在右掌背上。（图1–78）

3. 右手拇指掐在中指指尖为“午诀”。（图1–79）

4. 左手在外，右手在内，为阴抱阳。（图1–80）

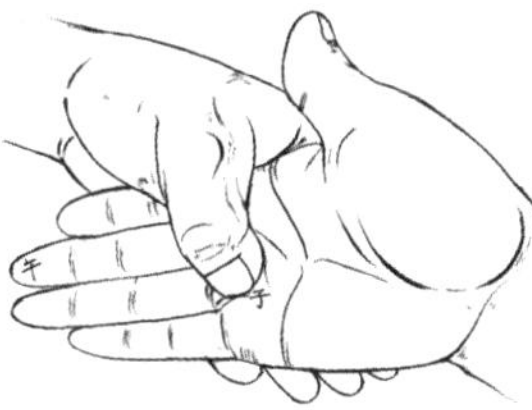

图1–78

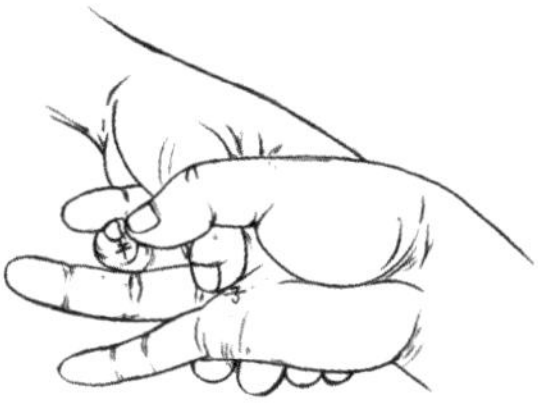

图1–79

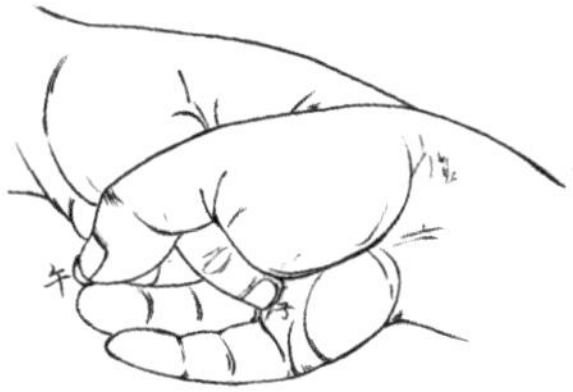

图1–80

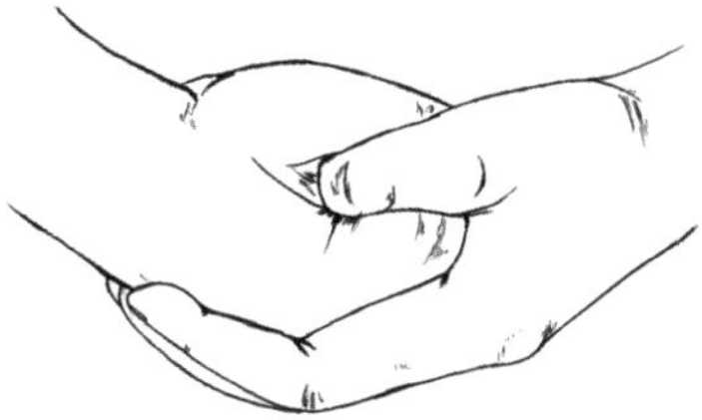

图1–80附图

道家称此为“子午八卦连环诀”，简称“子午诀”，乃传统秘传。

男子左手为阳，女子右手为阳，故以阳手居外，而阴手居内。外面阳手的大拇指，须放在阴手的虎口里面，这样两手拇指交叉，就是一个“太极图”的形状。如此相抱，则人身阴阳二气自然接通，两手会有发热发胀之感。

第二章

武当太和内功

太和内功，一种秘传动功，由“太和拳”演化而来。其内练吐纳，大补元气，外练柔劲，导气贯力，内外相融，浑然一体。

本功涂缓柔绵，顺中带劲；以动为主，以动带息；由外及内，养外补内；内满溢外，相得益彰。练时遵循一定原则，多加练习动作，所谓“周流运化，自然养生”，即可益气补气，活脉通络，增强体质。

本功如同一套内功拳法，与本书第一章“无极内功”异

曲同工。动作时让呼吸自然而随，即随着动作的快慢与练功时间的长短，该长即长，该短即短，不要刻意调息。

本功意守丹田，不管是呼气时，还是吸气时；不管是蓄势时，还是发力时，皆留三分意念在丹田，是为“意存丹田，息息归根”，乃内功“安神养气”秘诀。

本功一旦有成，则“内外太和”，一切安好。外则筋肉弹性，反应敏捷，身轻步灵；内则精神愉快，体感舒适，却病延年。读者勤加练习，功夫到时，自然领会。

一、起势

【练法】

1. 两脚开立，与肩同宽；两手垂于体侧，松肩沉肘；百会轻顶，含胸拔背；意存丹田，呼吸自然；双目平视。（图2-1）

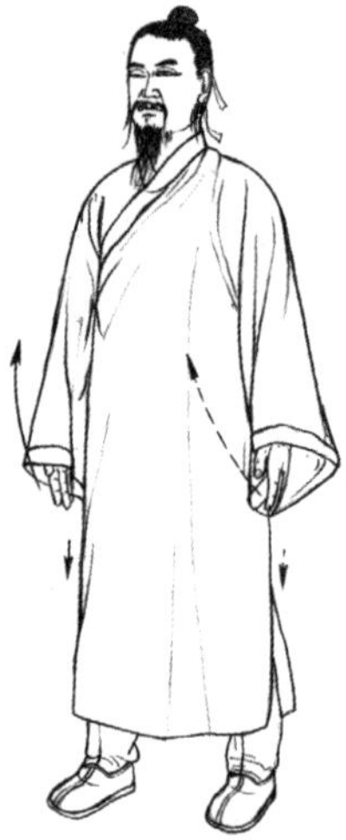

图2-1

2．两腿屈膝下蹲，成马步；同时，两掌向前抬起，掌背向上，指尖向前，约与胸平。（图2–2）

图2–2

图2–3

3. 两腕外旋，掌心向上。（图2–3）

4．两臂屈肘后收，两掌收至肋角。（图2-4）

图2-4

图2-5

二、无极化生

【练法】

1．两掌腕节勾屈，转至腰后，指尖向后，掌心向上。（图2-5）

2. 两臂向腰后伸开，指尖斜向上。（图2-6）

图2-6

图2-7

3. 两掌从左右两侧向前划弧，掌背稍接，指尖向下，高在小腹前。（图2-7）

4. 两臂向左右两侧分开，划半圆弧，上翻平举，掌心向上，约与腰平；同时，略起身，成高桩。（图2-8、图2-9）

图2-8

图2-9

5. 以肩带肘，以肘带腕，使两掌向后旋转约360°，上伸平举，掌心向上，指尖向外；同时，略沉身，成中桩。（图2-10、图2-11）

图2-10

图2-11

6. 两掌上托、里合，举至额上，两臂弯曲，指尖相对，掌心向下；同时，两腿伸膝站立。（图2-12、图2-13）

图2-12

图2-13

7. 两掌向下按压约至人中穴；同时，沉身，两腿屈膝，下蹲成马步中桩。（图2-14）

图2-14

8. 身体左、右来回移动，后至中正；同时，两掌随之自上而下，在体前划S形，最后于腹前成垂抱球（两掌垂腕，指尖斜向下），拇指尖向上。（图2-15～图2-20）

图2-15

图2-16

图2-17

图2-18

图2-19

图2-20

三、掌抱太极

【练法】

1. 两掌上提翻转，于胸前成竖抱球（两掌竖起），指尖向上，掌心相对；两腿仍是马步中桩。（图2-21）

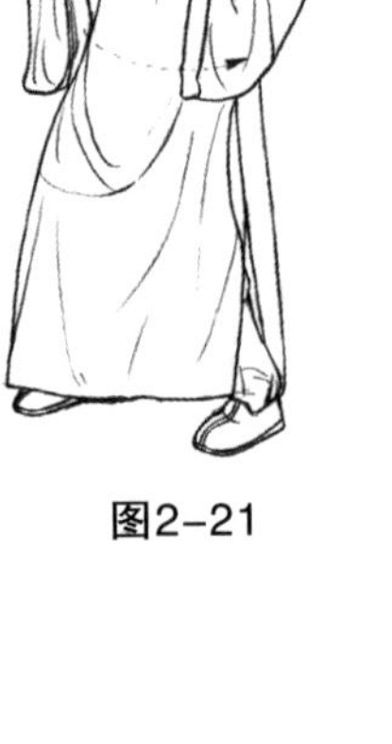

图2-21

2. 以腰为轴，向左转体约90°；同时，两掌抱球左摆，重心移至右腿。（图2-22）

图2-22

图2-23

3. 重心移至左腿；同时，两掌抱球前送，腕约平肩，两臂微屈。（图2-23）

4．两掌翻转下沉，变成横抱球（两掌横平，一上一下），左掌在上平胸，右掌在下平腹，身体重心不变。（图2-24）

图2-24

5．腰向右转约180°，身体重心移至右腿；两掌仍抱球。（图2-25、图2-26）

图2-25

图2-26

6. 两掌旋转，变为平抱球（两掌平直相抱），约与腹平；同时，身体重心移至左腿。（图2-27）

图2-27

图2-28

7. 两掌向前、向上送出，腕约平肩；同时，重心移至右腿。（图2-28）

8. 两掌翻转下沉，变为横抱球，右掌在上平胸。（图2–29）

图2–29

9. 两掌抱球向左转体约135°；重心移至左腿，两腿成马步中桩。（图2–30、图2–31）

图2–30

图2–31

10. 身体右转约45°，两掌平胸，成竖抱球。（图2-32）

图2-32

图2-33

11. 两掌向前送出，腕约平肩，重心移至两前脚掌。（图2-33）

12. 两掌翻转下沉，成横抱球，左掌在上平胸；重心移至两脚跟。（图2–34）

图2–34

图2–35

13. 两掌提转成竖抱球，并向左右拉开，至与肩同宽；同时，上身略起，两腿立成高桩，重心移至两脚心。（图2–35）

14. 抱球里合，两掌平胸；还原成马步中桩。（图2-36）

图2-36

图2-37

15. 两掌向前送出，腕约平肩，身体重心移至两前脚掌。（图2-37）

16. 两掌翻转下沉，成横抱球，右掌在上平胸；重心移至两脚跟。（图2-38）

图2-38

17. 两掌提转，成竖抱球，并向左右拉开，至比肩宽；两腿慢慢伸起成高桩。（图2-39、图2-40）

图2-39

图2-40

18. 两掌抱球里合；还原成马步中桩。（图2-41）

图2-41

四、天柱高攀

图2-42

【练法】

1. 以腰为轴，向右转体约45°，重心右移，直左腿，屈右腿；同时，两掌成斜横抱球状。右掌向右上方伸出，高约过肩；左臂略屈肘，斜伸在右掌左下，掌心向上，两掌心遥遥相对。（图2-42）

2. 以腰为轴，两掌由斜上方平行移动至左斜方；同时，身体重心左移，直右腿，屈左腿。（图2-43）

图2-43

图2-44

3. 左掌内旋下伸至左膝外侧，掌心斜向下，后捋按住左膝盖；右掌向外划弧，旋至左臂上侧，再后划，撤至右肩前，继而上划，提至头右上方；同时，重心右移，右腿由屈膝逐渐伸膝独立；左腿提起（脚跟略与右膝平），脚尖下垂。（图2-44～图2-46）

图2-45

图2-46

五、阴阳相抱

图2-47

【练法】

1. 左脚尖点地，重心落于右腿，屈膝半蹲，上体稍向前倾；同时，两掌下收于腹前成垂抱球。（图2-47）

2. 右掌抱于左掌背，左掌抱贴小腹；左脚跟稍落，前脚掌撑地。目视前下，稍停片刻。（图2-48）

图2-48

图2-49

六、仰望太和

【练法】

1. 上身缓缓直起，右腿独立，左大腿抬平；同时，两掌向左右两侧徐徐展开，掌心相对，指尖下垂，两臂比肩稍低。（图2-49）

2. 左脚前迈“鹤步”（先向前下方伸小腿，再收小腿划弧，前脚掌先着地）；两掌向上展臂一扬，顺势前后分开，右手在前，约与额平，掌心向上，指尖向前；左手在后，约与胸平，掌心向上，指尖向后。（图2-50、图2-51）

图2-50

图2-51

3. 重心移至左腿，右脚在后，前脚掌撑地；同时，两臂缓缓伸开，右掌上伸，约与顶平；左掌下伸，约与胯平。（图2–52）

图2–52

图2–53

七、白鹤展翅

【练法】

1. 右脚跟落地，重心移至右腿，成左虚步；同时，两掌合于腹前，成垂抱球。（图2–53）

2. 两掌向左右两侧徐徐拉开上扬，掌背向外，指尖向下，腕约与耳尖相平；同时，左脚缓缓提起，脚跟约与右膝同高。（图2-54、图2-55）

图2-54

图2-55

3. 两掌缓缓下落至腹前成垂抱球；同时，右腿渐屈，左脚稍向前划弧下落，脚尖点地，成左虚步。（图2-56、图2-57）

图2-56

图2-57

4. 右腿伸立，左大腿抬平；两掌向左右两侧徐徐拉开上提，至腕高于耳尖。随即，向左转体约70°，两掌随之摆动，左掌稍扬，腕约平顶；右掌稍落，臂约平肩。（图2-58、图2-59）

图2-58

图2-59

5. 重复上述3、4、3动作。（图2-60～图2-64）

图2-60

图2-61

图2-62

图2-63

图2-64

八、金殿闲步

【练法】

1. 左脚落地后放平，随即屈膝，重心前移成左弓步；两掌下按，两臂伸开，置于左大腿上方两侧，指尖向前。（图2-65、图2-66）

图2-65

图2-66

图2-67

2. 右脚稍进，脚跟提起，身体立起，左膝伸开；两掌顺势暗劲下沉。（图2-67）

九、终归无极

【练法】

1. 右脚上前半步，左脚外摆；两掌下垂体侧。还原如起势，垂帘，放松，收意，调息，使呼吸均匀，体力恢复。（图2-68）

图2-68

图2-69

2. 最后，左掌按右掌，右掌心贴丹田，环绕小腹，按顺、逆时针方向各旋转（按摩）6圈。顺时针按摩时，要一圈比一圈大，但上不要高于肚脐，下不要过耻骨。逆时针按摩，要一圈比一圈小，还原于丹田。收功。（图2-69）

第三章

武当太乙内功

太乙内功，导引为主，结合吐纳，外动内静，是武当内功之秘传动功。

太乙内功，“内含本元大道，是为真功秘技，自然生发灵力”“导气致和，引体致柔，吐故纳新，易筋洗髓”。练之可使骨节灵活，五脏坚实，精气充盈，经络畅通，为修炼高层丹功打下良好根基。

其歌诀曰：

玉虚宫内导引功，内练五脏引五行。
太虚羽化虚空立，周身放松妙无穷。
真元内固生癸水，万法归宗第一功。
手托明月引金风，肺宫安宁天地明。
托天翘剪撑天地，内闭三阳脾胃行。
霸王举鼎神力大，三焦贯通肝胆宁。
河车妙法谁人晓，阴阳既济离火平。
五气朝元融五行，百脉齐收切莫轻。
太乙导引功行毕，内精外华化长生。

一、太虚羽化

【练法】

1. 两脚并步，正身直立；两掌垂于体侧；自然呼吸，目视前方。（图3-1）

图3-1

2. 左脚横开一步，两脚宽度过肩，头正身直；目视前下。然后练习周身放松，从头到脚，从上到下，可按头脸、颈项、手臂、胸背、腰腹、腿脚顺序。默记放松次数，36次乃止。（图3-2）

图3-2

【要点】

1. 开始练习太乙内功时，要先练放松功，学会放松。真正的放松是练出来的，有所谓“放松放松再放松，练到真松是真功”。

2. 在练功时要慢慢放松，以意舒之，缓而松之，意到之处，轻轻体察。不要紧张，不要急躁，一遍一遍，自然可把身体放松下来。所谓“恬淡虚无，真气从之”，有利于调动真气，更利于下面行功。

3. 也可在收功后练习此法，来放松肌筋，活脉通络，去除疲劳，恢复精力。

二、真元内固

【练法】

两腿屈膝下蹲，成中式马步桩；两手握固（屈指握拳，大拇指扣在手心）上提，两臂弯向腰后，手心约贴于命门穴两侧；目视前方。定势后，意守丹田，静心调息，以鼻深长呼吸36次。（图3–3）

图3–3

图3–3附图

【要点】

1. 呼吸要慢慢练习，由浅入深，均匀自然；不可忽长忽短、忽深忽浅，会令人气散意乱，练功无成。

2. 此法可健肺养肾，大补元气。练习日久，真气充盈，腰腹有温热感觉，身体舒适愉悦，真所谓“若能练得暖暖肚，正是青春不老丹”。

三、手托明月

图3–4

【练法】

1. 两腿分开，比肩稍宽，直膝站立；两掌向前慢慢抬起，指尖向前外，掌心向下，与肩同高，两掌间距比肩稍宽。定势即停，心中默记36数。（图3–4）

注意，本式动作时或定势后，皆采用自然呼吸法。

图3–5

2. 向外翻掌，使掌心向上。定势即停，心中默记36数。（图3–5）

3．两掌慢慢向左右横开，两臂一字平肩，掌心向上，指尖向外。定势即停，心中默记36数。（图3-6）

图3-6

图3-7

4．两掌向下、向里作合抱势，指尖相接于小腹前，掌心向上，虎口在外。定势即停，心中默记36数。（图3-7）

5. 两掌外分，落于体侧，指尖向下，掌心向里。接练下式。（图3–8）

上述动作可重复练习。

图3–8

【要点】

1. 此式有易筋洗髓之妙，勤练可强筋壮骨，益气增力。

2. 此式动静相宜，注重静练，呼吸自然，内劲自贯。

四、托天按地

【练法】

1. 两掌向里抱起，提至小腹，指尖相对，掌心向上；同时，以鼻深吸。（图3–9）

图3–9

图3–10

2. 左掌里转下压，撑至左大腿外侧，手臂伸直，掌心向下，指尖向前；右掌上提里转，伸臂托举至头顶上方，掌心向上，指尖向后；头缓缓左转，目视左斜上方。缓缓以鼻长呼。（图3–10）

3. 两掌放下还原。上为右式，接练左式。（图3-11～图3-14）

左右各练36次。

图3-11

图3-12

图3-13

图3-14

【要点】

1. 两掌动作时，要有用力贯劲之感。完成此式时，两掌要有用力挣劲之感。久练可使手臂通达，气力倍增。

2. 用力转头，同时配合腰脊之劲，使动作紧凑，周身浑元一体。

五、霸王举鼎

【练法】

1. 两掌由身体两侧向小腹抱起，指尖相对，掌心向上；以鼻深吸。（图3-15）

图3-15

2. 两掌经腹前继续上提，至胸前，掌心向上；深吸不停。（图3–16）

图3–16

图3–17

3. 以鼻长呼；两掌里旋，伸臂托举至两肩上方，指尖向后，掌心向上，两臂稍屈。（图3–17）

4. 然后开始以鼻长吸；两掌转腕，使指尖向上，掌心相对，相距约同肩宽。（图3-18）

图3-18

图3-19

5. 随即两掌缓缓下按，抱于小腹；把气吸满。（图3-19）

6. 放下两掌，垂于体侧。（图3–20）

本式共练习36遍。

图3–20

【要点】

1. 此式重点在于两手上托，名曰提神壮力，要多体会如托重物之用力感觉。

2. 按抱吸气，名曰养气归元，可使气贯丹田，真元充盈。

六、太乙缠丝

【练法】

1. 双掌在身体两侧握固，拳面向下，手心向里。（图3-21）

图3-21

图3-22

2. 向前缓缓抬起前臂，双肘同时弯曲，约成90°，拳心向上，拳面向前。（图3-22）

3. 两手开始划弧，先向外、向里收至肩前（手心向下），再向下划至肋侧（手心向上），继划至腰侧，终前伸如第2动。（图3–23～图3–26）

反复练习36周。

图3–23

图3–24

图3–25

图3–26

4. 两拳收腰，变掌放下，垂于体侧。（图3-27、图3-28）

图3-27

图3-28

【要点】

1. 本式常用自然呼吸，呼吸随动，多注意划弧动作的圆活合顺，柔韧自如。

2. 在行功中，要注意两拳划弧大小。划弧越大，手臂内劲越强，路线越丰富。

七、五气朝元

图3-29

【练法】

两掌由身体两侧向小腹抱合，双掌重叠一处，左掌按于右掌背，右掌贴身；头正体直，目光内含。深呼吸36次，意想全身之气，与呼吸之气相合，慢慢充润丹田。（图3-29）

【要点】

本式气贯丹田，补气益气。其要诀曰："意气相抱法易精，气遍周身法常行。练就五行精华后，五气朝元归丹田。"

第四章

武当华岳内功

华岳派内功，也叫华岳混元功，是武当内功中一种聚能迅速、功效显著的功法。

所谓“聚能迅速”，是指通过功法的修炼，在很短的时间内即可迅速地练出“混元气”。

混元气，内功术语，也叫“内功气”，也有称之为“丹田气”“玄真气”或“真元气”“玄罡气”等，名称繁多，

但意思接近。传统内功认为，这是一种最根本、最精华、最高级的物质或能量，蕴藏着神秘的力量，不是一般的空气之气，无形，但练者可以感觉。

本章专述其内功导引法。常练此功，可以补虚养元，集聚内能；改善体质，延年益寿；增强力气，自卫防身。

一、起势

【练法】

两腿直立，脚跟相接，脚尖外撇成八字状；两掌下垂体侧，全身舒松；自然呼吸。（图4–1）

图4–1

二、大鹏展翅

图4-2

【练法】

1．左脚外跨一步，两脚平行，间距超肩；同时，两掌向左右两侧缓缓抬起，一字平肩，指尖向外，掌心向下。定势后，以鼻深呼吸3～6次。（图4-2）

图4-3

2．以鼻深吸气；同时，两腿屈膝下沉（初练时稍屈即可，练久了可大幅下蹲）；两臂平肩不变，随之下沉，两掌十指松开，指尖稍垂，手腕微屈。（图4-3）

3. 以鼻长呼气；同时，两腿伸膝直立；两掌坐腕竖掌，向外伸展，指尖向上，掌心向外。（图4-4）

如此一蹲一起，一沉一伸，似大鹏展翅，共练6次，或自定次数。

图4-4

图4-5

三、老君炼丹

【练法】

1. 两脚开立，与肩同宽；两掌对肩前伸，肘部微屈，掌心向下，指尖向前。定势后，以鼻深呼吸3～6次。（图4-5）

2. 两掌外旋，掌心相对，虎口向上，转成抱球状。定势后，两掌开始练习，缓缓一开，缓缓一合。向外开时深吸气，向里合时长呼气。两掌似有气感，练至发暖为度。（图4-6）

也可意想两掌抱一气球，一挤一分，意感更为强烈。

图4-6

四、金龟藏身

【练法】

开步站立，两脚与肩同宽，两膝伸开；上体前俯，两掌垂臂伸于两脚前，掌心向里，指尖向下，劳宫内含；头部下伸，目视地面。定势后，以鼻深呼吸3～6次。（图4-7）

图4-7

五、铁牛耕地

图4-8

【练法】

1. 开步站立，两脚间距超肩；随即，两掌伸臂向两肩前上方缓缓扬起，掌心向下，指尖向前；头部后仰，目光上视，腰节后折；以鼻深吸气。（图4-8）

图4-8附图

2. 以鼻长呼气；头部前探，腰节前俯，目光前视；两掌沉臂，挺腕竖掌，向前推伸，指尖向上，掌心向前。（图4-9）

反复练习6次。

图4-9

图4-9附图

六、雄狮戏球

图4-10

【练法】

1. 两脚开步，间距与肩同宽；两掌提于身前成抱球状，右掌在上，高在胸位，指尖向左；左掌在下，高在腹位，掌心向上。深呼吸3～6次。（图4-10）

图4-11

2. 以鼻深吸气；两掌向右、向上、向左抱球转摆，腰腿配合。两手到左侧时，上体左俯，两臂基本伸开，右掌过顶，左掌约在腹位；保持深吸气。（图4-11）

3. 以鼻长呼气；两掌随即向上、向右转摆，两掌心遥遥相对。两手到右侧时，上体右俯，两臂基本伸开，左掌过顶，右掌约在腹位。（图4–12）

图4–12

4. 以鼻吸气；身体回正，两手后收，抱球身前，左掌在上。按上法继续练习，唯方向相反。

如此上下互换、左右旋转各6次。

七、黑鸡站枝

图4–13

【练法】

1. 两腿屈膝下蹲，两脚跟离地，臀部接近两脚后跟；两掌向前伸出，高与肩平，指尖向前，掌心向下；以鼻深吸气。（图4–13）

2. 两掌缓缓外翻，使两掌心相对，虎口向上；以鼻长呼气。（图4–14）

保持低桩不变（初练者可选高桩），两手来回翻转，反复练习6次。

图4–14

八、仙鹤伸腿

【练法】

1. 右腿独立，两掌左右伸开；左腿屈膝提起；以鼻深吸气。随即以鼻长呼气；左脚向左侧踢出，脚底向下，脚尖向前。（图4–15）

图4–15

2．左脚落地，右脚提起；以鼻深吸气。再踢右脚，以鼻长呼气。（图4-16）

一左一右，轻松自然，各踢6次。

图4-16

图4-17

九、收势

【练法】

两脚收拢，脚尖外分，伸膝立正；两掌垂于体侧，沉肩坠肘；全身放松，吐纳片刻，调匀呼吸。（图4-17）

第五章

武当浑元内功

《浑元内功》有载："是元者，三才总会之地。元即太极，即太和之气，即先天也。故必浑涵以先天太和之气，合三才于一致，以内外交修，直养时习，练至体用浑化，寂感而通，始足以称之浑。"

浑元内功，刚柔相济，阴阳相合，练养元气，畅通经

络，内强脏腑，由内达外。功成之后，内力强大，外力整壮，浑元一体。

浑元内功主要分三种，一是柔力行气法，二是运气贯力法，三是坐功养气法。

一、柔力行气法

【练法】

1. 立身站立（面南背北），正直端定，平心静气，两脚分开约与肩同宽，足尖内扣成倒八字式；两掌心向上，十指交叉，置于丹田。闭口卷舌，舌抵上腭，鼻呼鼻吸；目光下视。（图5-1）

定势后，开始调息。调息6次即可，不宜过多。

图5-1

【注意】

本功所有调息，只在呼气时，感觉气贯丹田，或内力贯注；吸气时不要管它，即不必意守与导引，全身放松即可。这是本功特点，读者不可忽视。

2．稍稍向上翻转掌背（仍十指交叉），随即按下，两拇指贴靠丹田之下；以鼻呼气。此法可启动丹田元气，使其流通，自然生发，此谓“内功外用，以其由外而达于内也”。（图5-2）

图5-2

【注意】

（1）本功注重呼气，即意念要集中在呼气之时。

（2）何时呼气？呼气多为动作有力之时，或开或沉，或举或伸，等等。读者自行体会，本章以下每动，不再一一细述。

（3）呼气幅度随练功时间与个人修为，由短到长，徐缓自然，勿急勿乱。

（4）只要把呼气做好，有条不紊，吸气自然跟随，呼与吸、呼吸与动作皆会自然一致，这叫“自然协调”。至于吸气，则任其自然，不要故意吸气或强求其深浅，也不要刻意去关注。这是本功与其他功法的不同之处。读者注意此点，并不难学，也不神秘。

（5）动作要从容徐缓，柔韧有力；但不可刻意用力，否则筋肉凝重，气机阻滞，难成“内功浑元劲”。内功要诀把此叫作“有力而不用力”。

3. 两掌放开，垂于腿前，掌心向里，指尖向下。（图5-3）

图5-3

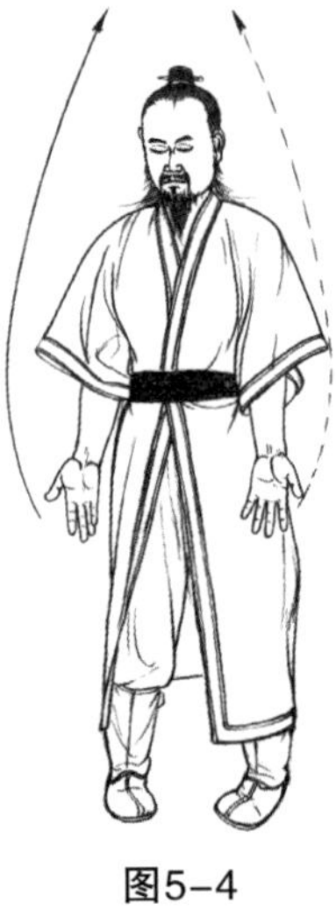

图5-4

4. 缓缓将掌心翻转向前。（图5-4）

5. 两掌徐徐上举过顶，如双峰并立；双臂稍屈，掌心向前，指尖向上；头有顶劲，身与两脚皆不可移动摇荡。（图5–5）

图5–5

图5–6

6. 右掌不动；左掌向上伸举3次，指尖贯劲，如穿云破雾般，插入云霄。（图5–6）

7. 再伸右掌。（图5-7）

图5-7

图5-8

8. 两掌同时向上伸劲。（图5-8）

9. 两掌内转成掌心相对，屈肘缓缓下收，停于两肩前，指尖约与耳平，掌心相对，前臂平肩。（图5–9）

图5–9

图5–10

10. 两掌向内划弧，转腕下插至胯侧，指尖向下，掌背向外，掌心向里，两臂伸开。（图5–10）

11. 左掌用暗力柔劲向下插坠。（图5-11）

图5-11

图5-12

12. 左掌提起，与右掌平齐；右掌依照左掌练法坠之。（图5-12）

13. 两掌一起用暗劲下坠。（图5-13）

图5-13

图5-14

14. 两掌上提转腕，掌心相对，指尖向下，两肘抬起平肩。（图5-14）

图5-15

15. 两掌转腕，伸臂对肩上举，指尖向上，掌心向前。（图5-15）

图5-16

16. 两掌屈指握拳，两肘下沉，肘尖向外，约与耳平。（图5-16）

17. 两拳变掌一起上伸，两掌对肩，掌心向前，指尖向上。（图5–17）

图5–17

图5–18

18. 两掌内转缓缓下收，停于耳侧，掌心相对，腕肘平肩。（图5–18）

图5-19

19. 两掌向内划弧，转腕下插至胯侧，指尖向下，掌背向外，掌心向里，两臂伸开。（图5-19）

图5-20

20. 两掌转腕，上提肩前，指尖向下，掌心向里，虎口相对，两肘平肩。（图5-20）

21. 两掌转腕，向前推出，掌心向前，臂与肩平。（图5-21）

图5-21

图5-21附图

图5-22

22. 两掌收回肩前，掌心相对。左掌随即向左侧推出，臂与肩平，掌心向外；右掌不动；目视左掌。（图5-22）

23. 左掌收回肩前；右掌向右侧推出，臂与肩平，掌心向外；目视右掌。（图5-23）

图5-23

图5-24

24. 右掌收回右肩，与左掌相对。随即，两掌向前对肩推出，臂与肩平，掌心向前。（图5-24）

25. 两掌收回，屈臂立于两肩前，掌心相对。随即，转腕向左右两侧推出，两臂平肩，掌心向外。（图5-25）

图5-25

图5-26

26. 两掌下落，屈指握拳，至腰际停住，拳心相对，拳眼向上。（图5-26）

图5-27

27. 两拳成掌，上收肩前，掌心相对，指尖向上。随即，两掌向前对肩推出，双臂伸开，臂高平肩。（图5-27）

图5-28

28. 两掌收回，屈臂立于肩前，掌心相对。随即，转腕向左右两侧推出，两臂平肩。（图5-28）

29. 两脚掌同时动作，先脚尖外摆一步，再脚跟外摆一步，继而脚尖外摆一步，随即两腿屈膝成马步；两掌不变。（图5-29）

图5-29

图5-30

30. 两掌握拳，用暗劲缓缓向里收抱，左拳收至右胸前，右拳收至左肋侧，两拳心向里，拳眼向上；马步不变。（图5-30）

31. 右脚内扣，左脚向左前移，上体左转约90°，成左弓步；同时，两拳前提，两臂接近，左臂在上，约与胸平。（图5-31）

图5-31

图5-32

32. 两拳成掌，右掌向右后伸插，掌心向里，指尖向下；左掌立腕向左前推出，指尖向上，约与额平；弓步不变。（图5-32）

33. 上体右转约90°，还原成马步展臂平肩式。（图5-33）

图5-33

34. 接着，练习右式，练法同图5–30 ~ 图5–32。（图5–34 ~ 图5–36）

图5–34

图5–35

图5–36

35. 左转身约90°，成马步；两掌转腕，右落左提，展臂平肩，五指捏拢成勾，勾尖向下。（图5–37）

图5–37

图5–38

36. 向前俯身，两勾手变掌下伸裆前，指尖点地，掌心向后；目视两掌。（图5–38）

37. 两掌背相合；上提额前翻转，使掌心向前，指尖相对；两肘外张，略高于肩。（图5–39）

图5–39

38. 左脚向右脚后侧插步，右脚左扣，成右弓步；同时，左掌向左后甩掌成勾手，约与腰平，勾尖向右；上身前俯，右掌向下甩掌于右脚前，指尖接近脚尖，虎口向内，掌心向右；目视右掌。（图5–40）

图5–40

39. 上体左转约180°，两脚摆扣成左弓步；上身前俯，左掌向左脚前甩掌，掌心向左；右掌向右上甩掌成勾手，高过腰部，勾尖向上；目视左掌。（图5-41）

图5-41

图5-42

40. 左脚向左后撤退一步，上身左转，两膝半蹲成马步；两臂平展，两掌勾腕下垂，指尖向下，掌心向里。（图5-42）

41. 向前俯身，两掌向裆下合拢如捡物状，以指尖至地为度。随即，两掌背内旋相对，上提额前，指尖斜向下，两腕稍勾，高过头顶；同时，两膝伸立直身，两脚尖内扣，继两脚跟内收，再两脚尖内扣，两脚成倒八字式。（图5-43）

反复练习3次后，进入下动。

图5-43

图5-44

42. 两掌成勾手，向下撒掌于两胯后外侧，勾尖向上，两臂自然伸开。（图5-44）

43. 上体俯身前躬，两膝挺直，两手背向两膝弯外侧贴拢。（图5-45）

反复练习3次，进入下动。

图5-45

44. 右脚向右侧开一步，上体右转约90°，左腿蹬伸成右弓步；同时，左掌向右前甩掌，虎口向下，指尖向前，高与肩平；右掌向右后下侧甩掌，略屈腕，掌心向上，指尖向后，高与胯平。然后，右掌向下弧形过右膝、向前上绕弧一周还原位；左掌向下，从后侧向上过头顶绕弧一周还原位。两臂按此连环转臂3周。（图5-46）

图5-46

45. 向左转身约180°，成左弓步；同时，右掌向左前上甩掌，左掌向左后下甩掌。与上动相同，唯方向相反，同样连环转臂3周。（图5-47）

两手一高一低，如大鹏展翅，连环甩转，通臂增劲。

图5-47

图5-48

46. 右转身约90°，两膝屈蹲成马步；同时，两掌屈臂举于头顶两侧，掌心向前，指尖向上，前臂竖直，上臂平肩。然后，两掌一起在面前以肘为轴，各自按顺、逆时针方向绕弧3圈，或自定次数。（图5-48）

47. 左脚先收向右脚（此时两脚间距约同肩宽），两脚尖继而内扣成内八字，两膝伸直；同时，两掌屈指握拳，向前对肩伸开，两拳心向里，拳眼向上。（图5-49）

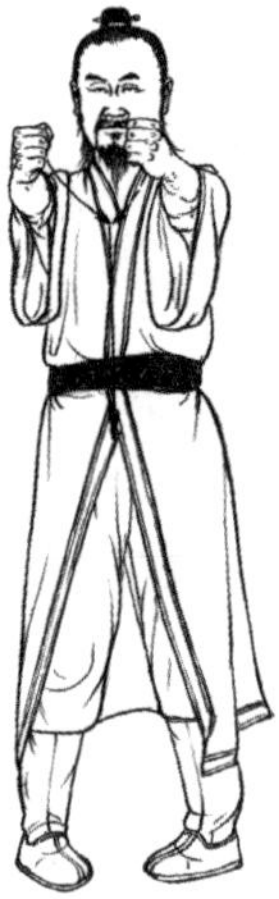

图5-49

图5-49附图

图5-50

48. 两拳变掌，十指交叉，先掌心向里收至上腹，继而外旋下落，至丹田前掌心向上；调匀呼吸，放松全身，本功收势。（图5-50）

二、运气贯力法

【练法】

（一）预备势

两脚开立，脚掌平行，与肩同宽；两手握拳，抱于腰间，拳心向上；自然呼吸。（图5-51）

图5-51

（二）力劈华山

1. 左拳与两脚不动；右拳屈臂盘肘置于右胸前，肘与肩平，拳心向下，上体稍向左拧；以鼻深吸气。（图5-52）

图5-52

图5-52附图

2. 右拳变掌，向前劈出，略高于肩，掌心向左，指尖斜向上；以鼻长呼气，力贯掌外沿。（图5-53）

初练要慢，渐次加快。动作加快了，吸、呼都快，气息变短。以下同此，请注意。

图5-53

图5-54

3. 右掌随着吸气，徐徐握拳，收抱腰间，拳心向上。随即再变掌劈出，方法同上。（图5-54）

4. 继练左劈。方法参上。（图5-55、图5-56）

图5-55

图5-56

（三）仙童撩门

1. 左掌握拳收腰；吸气蓄劲。（图5-57）

图5-57

2. 两拳变掌，一起向前撩出，掌心相对，指尖斜向前，略高于肩；呼气，力贯指尖。（图5-58）

注意，此撩掌定式与劈掌定式外形相似，但劲法不同。

图5-58

图5-59

3. 两掌握拳收腰，拳心向上；吸气蓄劲。接着再撩掌贯气，练法同上。（图5-59）

（四）怀中抱月

1. 两拳变掌，提至胸前，掌心向上，指尖相对；吸气。（图5-60）

图5-60

图5-61

2. 呼气；同时，两掌内旋，下按腹前，掌心向下，掌外沿向前，指尖相对，力贯双掌；两脚蹬地跳起，外分落地，蹲成马步。（图5-61）

（五）大鹏展翅

1. 吸气；两掌外旋，握拳收抱腰侧，拳心向上。（图5-62）

图5-62

图5-63

2. 两拳变掌，向左右展伸，掌心向前，指尖向外，臂与肩平，力贯两臂；马步不变；呼气。（图5-63）

3. 吸气；两掌缓缓握拳，屈臂收抱腰侧，拳心向上；马步不变。接着呼气，再行展翅。或直接变行下式，开始下式时要重新吸气。（图5-64）

图5-64

图5-65

（六）青龙探路

1. 身体左转，左腿屈膝成左弓步；右拳屈臂盘肘于右胸前，肘与肩平，拳心向下，上体微向左拧；吸气。（图5-65）

2. 呼气；右拳变掌，向右、向前甩出，高稍过肩，指尖向前，虎口向上，掌背向右，力贯掌背。（图5–66）

图5–66

图5–67

3. 吸气；右掌握拳收腰，拳心向上。略作调息，接练左式。（图5–67）

4. 左式方法参上。（图5-68、图5-69）

图5-68

图5-69

（七）双龙出洞

1. 左掌握拳收腰；吸气蓄劲。（图5-70）

图5-70

2. 两拳变掌，一起向上、向前撩出，高稍过肩，指尖斜向前，虎口向上，掌背向外，力贯两掌指尖；呼气；左弓步不变。（图5-71）

图5-71

图5-72

3. 吸气；两掌握拳收腰，拳心向上。略作调息，接练右弓步。（图5-72）

4. 右弓步方法参上。（图5-73～图5-80）

图5-73

图5-74

图5-75

图5-76

图5-77

图5-78

图5-79

图5-80

（八）海底捞月

1. 身体左转，两脚扣摆，脚尖向前，两腿直立；吸气；抱拳不变。（图5-81）

图5-81

图5-82

2. 呼气；上体下俯（大腿根与腹部夹角约90°），两拳变掌，缓缓向前下伸出，成抱球状，掌心相对，约与膝平，力贯两掌心；目视两掌。（图5-82）

（九）擎天双柱

1. 吸气；缓缓立身（膝不要屈），两掌变拳，收抱腰间，拳心向上。（图5–83）

图5–83

图5–84

2. 呼气；两拳变掌，缓缓向上直臂伸出，掌心向里相对，指尖向上，力贯两掌指尖；两腿不动。（图5–84）

3. 吸气；两掌向前屈腕，掌心向下，指尖向前，虎口相对；两脚跟抬起。（图5–85）

4. 呼气，脚跟落地；两掌不变，力贯两腕。（图5–86）

图5–85

图5–86

5. 吸气；两掌变拳，下落腰侧，拳心向上。（图5–87）

图5–87

（十）还原收势

1. 先以两脚跟为轴，脚尖里扣；再以两前脚掌为轴，脚跟里扣。此动作连续3次，两脚掌即成平行；两拳不动。（图5–88）

图5–88

2. 练习右甩一次。方法参上，同图5–52、图5–53。（图5–89、图5–90）

图5–89

图5–90

3. 练习左劈一次。方法参上，同图5-54～图5-57。（图5-91～图5-94）

图5-91

图5-92

图5-93

图5-94

4. 练习双撩一次。方法参上，同图5-58。（图5-95）

图5-95

图5-96

5. 两掌握拳，收抱腰侧，拳心向上；随即放松，调匀呼吸，本功收势。（图5-96）

三、坐功养气法

【练法】

（一）浑元守一

图5–97

双盘而坐（也可单盘），头正顶平，沉肩开胸，腹部舒松；两掌于丹田前结“太极诀”（左掌心托住右掌背，两虎口撑圆，拇指尖相接）；垂帘合唇，意守丹田；舌抵上腭，鼻呼鼻吸，自然呼吸。（图5–97）

（二）合抱浑元

图5–98

1. 两掌屈臂竖立肩前，肘尖下垂，掌心相对，指尖约与耳平，十指似屈非屈，似夹非夹。（图5–98）

2. 两掌缓缓向两侧拉开，至两肩外侧。（图5-99）

图5-99

图5-100

3. 两掌向胸前合拢。继再拉开，反复练习。（图5-100）

开则吸气，合则呼气，呼吸以鼻，做到深、长、缓、匀。

如此一开一合，动作宜慢，静心体会“气感”。

（三）浑元归一

两掌下落到丹田处，内外劳宫穴相对叠（右掌心抱贴住左掌背）抱于下丹田处（左掌心贴住丹田），意注丹田。（图5-101）

意想丹田好似一个气球，吸气时缓缓地增大，呼气时缓缓地缩小。练习30分钟为宜。

图5-101

（四）气贯丹田

1. 两掌向前对肩伸托，掌心向上，指尖向前；垂帘合唇，舌抵上腭。（图5–102）

图5–102

图5–103

2. 不停，两掌缓缓向左右分开，一字平肩，指尖向外，掌心向上。（图5–103）

3. 不停，两掌缓缓向头顶上方合拢，左掌下贴右掌背，右掌心向下，两臂略成环状。（图5–104）

图5–104

4. 两掌分开，指尖相对，掌心向下，缓缓下按。（图5–105、图5–106）

图5–105

图5–106

5. 两掌相叠放在丹田处（左掌心贴住右掌背，右掌心贴住丹田）。此时闭气（不呼也不吸），两掌先以顺时针方向轻松揉摩丹田3圈，再以逆时针方向揉摩3圈。揉完后，两掌不动，再以鼻将气徐徐呼出。（图5-107）

图5-107

（五）压气收功

1. 上身缓缓向前下俯，直至额触小腿；两掌仍抱丹田。（图5-108）

2. 缓缓起身，下腹放松，元气下沉，丹田鼓起。（图5-109）

经常练习，即感腰腹充实，耐力增强。

以上动作连续练习6遍，即可收功。

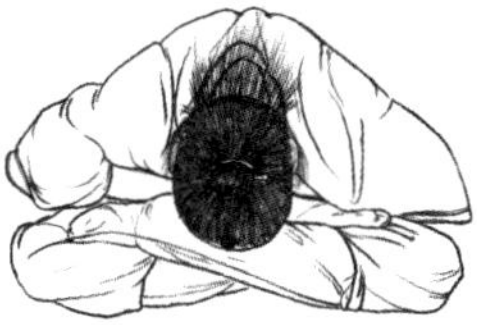
图5-108

图5-109

第六章

武当乾坤内功

乾坤门，内家武当派一大名门，所谓“采乾之灵气，以为功；取坤之灵态，以为拳”，故名。

本乾坤内功，采自乾坤南派，分为两种，一是内壮功，二是盘坐功。

其内壮功，有开元功、贯注功、开合功、操架功四类，

偏重于动，要求气与劲合，使人经脉活泼，筋骨强壮。

其盘坐功，偏重于静，要求意与气合，使人元真充沛，内脏康健。

本章即介绍其简化练法，更利推广益众。

一、开元功

开元功，属基础内功，方法简单，易学易练。

练之可开启玄关，养元补气，强筋壮骨。

【练法】

1. 身体直立，两脚分开，与肩同宽；两手垂放体侧，目光平视；自然呼吸，放松全身——从上到下，从头顶到脚底，以意慢慢引导，使全身各处全部放松下来。此为内功开始，可使肌筋松开，血气流通。（图6-1）

图6-1

2. 两掌抱于小腹，指腹贴身，指尖相对，拇指与四指分开。先用两手四指轻敲丹田几下，内功上叫作“唤气”。

然后两目垂帘，意守丹田，开始调息。闭口合齿，以鼻呼吸，气息深长，默记次数。（图6-2）

图6-2

呼吸深度与长度，要循序渐进，随着功夫进展而逐渐加深加长，不要突然太过。

即使练功有所进展，也要深长适度，以不感吃力与不适为佳，最大限度不得超过平常呼吸的3倍。要保持均匀顺遂，不要忽快忽慢。

初练36数，逐渐增加，至108数为度，不宜过多。

3. 睁开双眼，目光下视；两掌稍微外旋，使掌心向上，开始缓缓上托，约与胸平可停；脚跟上提离地，两膝绷紧，脚趾扣地；同时，缓缓以鼻吸气。内功谓之“提气”。（图6-3～图6-5）

图6-3

图6-4

图6-5

图6-6

4. 两掌缓缓内旋，继续上提，使掌心向下，约至喉位，两肘平肩；同时以鼻呼气。（图6-6）

图6-7

5. 不停，继续呼气；两掌再向内旋，使掌心向上，推过头顶，指尖相对，两臂稍屈。（图6-7）

图6-8

6. 吸气；两掌前旋里合，使指尖向上，手背相对。（图6-8）

图6-9

7. 呼气；两掌内旋转腕，使掌心向上，拇指尖相对，其余指尖斜向后。定势后，两脚跟缓缓撑、落几下，上撑时吸气、下落时呼气，不要全落至地，稍微一落即可，要多用力上撑。（图6-9）

8. 呼气；两掌落向两侧，双臂伸开，掌根用力绷撑，掌心向外，指尖向上，腕与肩平。（图6–10）

图6–10

图6–11

9. 吸气；两掌指尖放平外伸，掌心向下；两脚跟缓缓落地。（图6–11）

10. 不停，继续吸气；两掌缓缓向下、向里抱于丹田。内功谓之“抱气归元”。（图6-12 ~ 图6-14）

图6-12

图6-13

图6-14

二、贯注功

贯注功是在开元功基础上，通过贯气，配合呼吸，对身体加以自我按摩与击打来增强力气，增强内劲，为硬气功打下坚实基础。

图6–15

【练法】

1. 两脚开立，马步蹲立；两手握拳，置于腹位，拳眼向上，拳面相对；目光向下，凝视两拳。（图6–15）

2. 两拳缓缓向上，提至胸前；同时，以鼻吸气，下腹内收，向上提气（逆腹式呼吸）。（图6–16）

图6–16

3．两拳外旋，猛然下沉，拳轮压砸小腹（初练下压一触即可，慢慢加力加快砸击小腹）；同时，用鼻将气喷出（呼气）。（图6–17）

上述动作，反复练习6次。

图6–17

图6–18

4．上体稍向右侧倾斜，重心偏向右脚；两手握拳，拳心向上，拳面相对，拳轮贴于左胯；目视双拳。（图6–18）

5. 吸气；两拳缓缓上提至左胸，拳面相对，拳眼向上。（图6–19）

图6–19

图6–20

6. 两拳外旋，猛然下沉，拳轮压至左胯；喷气。（图6–20）

反复练习6次。

7. 换练右侧6次，练法相同。（图6-21 ~ 图6-23）

图6-21

图6-22

图6-23

8. 接上，步形不变。两拳拳心向内，以顺时针方向由右肋向上，经胸沿左肋向下腹，作圈状搓揉36圈；呼吸自然深长。继而以逆时针方向搓揉36圈。（图6-24）

图6-24

9. 两脚分开，屈膝半蹲成马步；两拳变掌贴于胸部，两臂反向交错搓揉，练习36次。（图6-25、图6-26）

图6-25

图6-26

10. 两手握拳贴于后腰部（约命门穴及肾腧穴部位），反复搓揉36次。用拳眼部或用食指根部均可。（图6-27）

图6-27

图6-28

11. 两拳变掌，缓缓转至肋前，掌心向上，指尖向前；同时，以鼻吸气。（图6-28）

12. 两掌缓缓上伸，指尖向上，对肩穿起，掌心相对；同时，呼气。（图6–29）

图6–29

图6–30

13. 吸气；两脚跟提起，两掌不变。随即喷气；两脚跟落地，两掌劈插至两胯侧，两臂伸开，指尖向下。（图6–30）

三、开合功

开合功，简单实用，练法精简，功效可观。其主要功效有三。

一是通过两掌的开合（两掌外撑为开，向里交叉拍击肩、胁是合），可活关（关节）拉带（韧带），通臂达劲，使手臂圆活有力。

二是通过拍打肩、胁，可坚外壮内，既提高了肩、胁部的抗打能力，又良性震激了脏腑，使血脉活泼，气机鼓荡，而通经增劲。

三是通过马步站桩（体质强壮者可采用低马步），可益气增力，强壮下盘。

【练法】

1. 马步站立；两掌左右平撑，约与腰平，虎口在上，掌心向外。此为预备式，以鼻吸气。（图6-31）

图6-31

图6-31附图

2. 然后两手向里发力拍打，同时以鼻喷气。先用左掌拍打右肩，右掌拍打左胁。继而右掌拍打左肩，左掌拍打右胁。（图6–32 ~ 图6–34）

如此反复循环，不断拍打，练习36次。也可自定次数，以不感到过痛与过疲为度。

此功练习纯熟后，手臂松活，一开一合，如鸟舒翼，毫不蹩劲，也不牵强。

图6–32

图6–33

图6–34

四、操架功

操架功，动中有静，以意领气，以形显神，外动内合，浑元一体，是武当乾坤派的秘传内功。

此功通过操架通经、循经运行、轻劲排打等法，使人气血旺盛，经脉畅通，内劲充盈，体质增强，可激发潜能，可抗打防身。

【练法】

（一）

1. 两脚开立，与肩同宽；两掌指尖相接，掌心含空，合于胸前。（图6–35）

图6–35

2. 两掌根外分，指尖下沉内折，指向心窝（指甲相接），掌背在前，虎口在上。（图6-36）

以上动作，连续练习6次。

操架功的很多动作，练习时不宜过快，且不要刻意调息，只管动作，呼吸自然。望读者多加体会。

图6-36

（二）

1. 马步站立，脚趾抓地；两掌指后面相接，掌背向前，指尖向里，拇指在上。（图6-37）

图6-37

2. 两掌缓缓下沉，至丹田分开，撑圆抱球。（图6-38）

图6-38

图6-39

3. 两掌外翻成拳，收至腰侧，拳心向上。（图6-39）

4. 两拳伸开四指，拇指仍然扣紧。（图6-40）

图6-40

图6-41

5. 缓缓上提至胸前，指尖向里，稍微触身。（图6-41）

6. 两掌内旋向前撑出，指尖相对，掌心向前，力贯指臂，高约平肩。（图6–42）

图6–42

图6–43

7. 两掌划向两侧，随即下抓，爪心向下，腕节稍垂，虎口向前，两臂平肩。（图6–43）

8. 两爪缓缓握拳，收于丹田，拳面相对，拳眼在上。（图6-44）

以上动作，连续练习6次。

图6-44

（三）

1. 两拳心贴身，循任脉向上按摩至胸前。（图6-45）

按摩在内功上使用很多，作用很多，不可忽视。

图6-45

图6-46

2. 两拳外翻成掌，托住下颌。（图6-46）

3. 两掌用掌心或掌根由头侧上摩，至头顶以右手握左掌，缓缓上撑。（图6-47、图6-48）

图6-47

图6-48

4. 两掌划落两侧，随即下抓，爪心向下，腕节平直，虎口向前，两臂平肩。（图6-49）

图6-49

图6-50

5. 两爪缓缓握拳，收于丹田，拳面相对，拳眼在上。（图6-50）

以上动作，连续练习6次。

（四）

1. 两拳心贴身，循任脉向上按摩至胸前。（图6–51）

图6–51

图6–52

2. 上摩至肩，两拳顺势垂腕，十指虚握，两肘上挑。（图6–52）

3. 身向后仰，两拳按摩肩背。（图6–53）

以上动作，连续练习6次。

图6–53

图6–54

（五）

1. 两拳循肩摩回胸前，拳面相对。（图6–54）

2. 摩至丹田。（图6–55）

图6–55

3. 两拳贴身外分，至腰后变掌下摩。（图6–56）

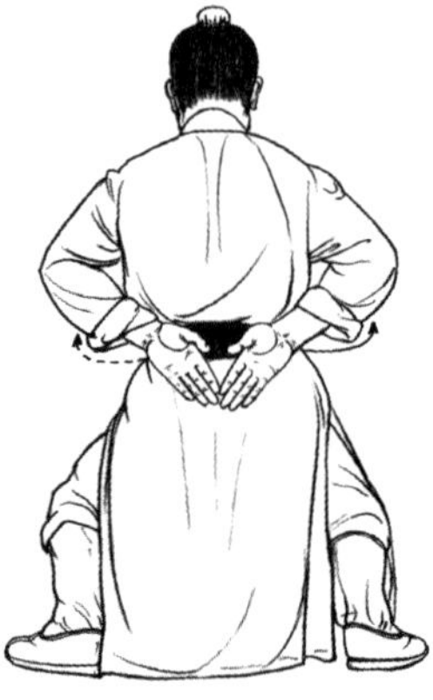

图6–56

4. 两掌背盘腰按摩，转至丹田握拳，拳眼在上。（图6–57）

以上动作，连续练习6次。

图6–57

图6–58

（六）

1. 两脚分开，与肩同宽；头部扬起，两掌指尖向里抵住咽喉，轻轻用力；喉部稍微用力外顶。两力相抗，练习数下，不可过多，以免受伤。（图6–58）

2．马步站立，左手按左大腿；右手握拳从右胸，轻轻向下摩至丹田，从左腹上行至左胸，再至右胸。旋绕一周，轻不离皮，重不伤肉。（图6-59）

图6-59

图6-60

3．马步，右手按右大腿；左拳从左肋轻轻按摩至丹田，至右肋，至右胸、左胸，回至左肋。如上练之。（图6-60）

如是一右一左，各练6次。

（七）

1. 马步桩蹲立，十趾抓地；双拳端起腰侧，拳心向上。（图6–61）

图6–61

图6–62

2. 吸气，左拳提至左胸上；随即呼气，左拳向左外冲下，感觉力贯右臂。右拳变掌，用掌心或掌外沿，排打左臂，密密匀匀，缓缓向下打至左拳背。再回打至左肩上。如此反复练习，呼吸自然。（图6–62）

3. 再用左掌打右臂。方法同上。

4. 马步蹲立，右手叉腰，拇指在后；左手成拳，从左额轻轻上打，至头左，至脑后，至左颈，至左颊，至左耳，回至左额。再反打回来，如此反复。（图6-63）

图6-63

图6-64

5. 马步蹲立，右手叉腰，拇指在后；左手成拳，从额正中轻轻上打，至囟门，至头顶，至后脑，至脖后。再反打回来，如此反复。（图6-64）

6. 马步蹲立，右手叉腰，拇指在后；左手成拳，从喉下轻轻上打，经咽喉，至下颌，至嘴部，至鼻梁，至印堂。再反打至喉头，如此反复。（图6-65）

图6-65

7. 右手练法参上。

以上介绍的都是头颈排打，必须要轻，一触即可。其他部位，如心窝、软肋、裆部等皆按此练法。

至于重击之法，则属武术横练硬功，本书不作介绍。

五、盘坐功

盘坐功是乾坤派内功的秘传。其主要目的是通过入静凝神，练意修脉，来强息壮肺，旺盛气血，充盈内能。

坐功练法细腻，非专业修炼很难有成，因此为了推广益众，为了读者无师可通，今仅述其简易功。

盘坐之前，可先练习一下舒筋法，活动一下全身筋骨，可减免骨软肉僵、盘坐不起、腰酸腿痛、体力不支等坐功诸症。

（一）坐姿

坐式应舒适自然，全身放松，不可用力 。

1. 宽衣松带，面南端坐，坐褥平坦舒适。如坐单盘，将右腿盘屈，压在左腿之上（左脚跟抵在会阴穴前），两脚心上翻，大腿、小腿均须放平，不能翘起。（图6-66）

图6-66

乾坤派传统功法遵循“阳阴相接”之理，要求“阳穴扣阴穴”“阳脉冲阴脉”。所以单盘时，男子右脚昆仑穴压在左脚三阴交穴。

女子相反，用左脚昆仑穴压右脚三阴交穴，左脚在上，右脚在下。

昆仑穴（在脚外踝后），是足太阳膀胱经要穴；三阴交穴，在脚内踝上三寸，是足太阳脾经要穴，又是足三阴经脉的交会。

2．如坐双盘，则先将左脚心向上翻起，放在右大腿上，然后，再将右脚盘压于左脚之上，脚心向上，仍然是右脚昆仑穴压左脚三阴交穴。女子则左右脚相反。（图6–67）

图6–67

3. 上身前倾，向前拜扑于地，然后向后微仰，如此3次（目的是使胯骨松开，背脊骨直）。（图6–68、图6–69）

图6–68

图6–69

4. 然后端身正坐，立起背脊，身体微向前倾。（图6–70）

图6–70

5. 两手放于小腹之前。右手掌心（阴面）握左手掌背（阳面），右手中指尖的中冲穴扣压左手掌心的劳宫穴，食指、无名指、小指贴在左手掌面上，大拇指按压在左手的虎口处的合谷穴上（左手虎口要撑圆）。（图6–71）

图6–71

女子握法相反，左手阴面握右手阳面，扣穴位置相同。

拇指是手太阴肺经的末梢，合谷穴是手阳明大肠经要穴，放手上结印也是“阴阳相接”。

6. 接着，右手握住左手内旋，向前上推伸而出，使左掌心向前，两臂平肩。手型不变再往回缩。如此伸缩3次，目的是使左右手的腕关节、肘关节和肩关节松开。（图6-72～图6-74）

图6-72

图6-73

图6-74

图6-75

7. 最后将两手收于腹下，手型不变，开始练气。（图6-75）

8. 其他要求：（1）颈项松直，头微上顶，提耳根，收下颌。（2）拔背贯串（拉直督脉）。（3）塞兑：口闭。（4）垂帘内视：两眼微闭，留一丝光亮，目光内敛。（5）搭鹊桥（沟通任督脉）：舌头上卷，抵住上腭。

（二）练法（调意与调息）

先要“引火”（即行功意念），乾坤派采用“文火”，即意念要轻灵，不可刻意控制呼吸。

开始吸气之时，以意引气，感觉有气随着意念缓缓而下，从咽喉到胸中，至上腹到小腹（丹田）。此过程便是“引火”。每次练功只能引火数次，不可多引。

引火成功后，则意到小腹之时，感觉有气随吸随呼，一起一伏。此时就把意念停在丹田，不复他想，慢慢入静，坚持久坐。它的目的是：在意识导引下，以呼吸养内气，以后天补先天，使内能聚丹田。

呼吸以鼻，气息自然，绵长细匀（比平常呼吸稍长，但不得刻意延长，任其自深自长，顺其自然为佳）。其要诀曰：“勿忘勿助，气下丹田。似有似无，自然而然。”

初练者大都不能入静，杂念丛生，此为正常现象。千万不要自责懊恼，扰乱心神，反而有害。坚持练习，自有天地，正如自然门名家万籁声所说：“自然之中有不然，久练不然成必然。”

初练者此时可采用“无为法”调节，即只管坐着，不守丹田，不管呼吸，不管功效，物极必反，反可渐入正轨。读者自请体悟。

盘坐时间多少，由自己体力与心意而定，不可强撑。体力不支，心意杂乱，强撑无益，也无效验。但也不可稍有烦累，即不思进取，草草了事。

初练时，一般可坐半小时，逐渐可坐一小时、两小时，或更久。若体力能支，尽管放心去坐，坐功本身就能积聚能量，消除疲劳，胜似睡眠。

（三）收功

盘坐之功，致虚守静。盘坐既久，心身和悦，即可下坐，当行收功。

收功之法，并不复杂，主要是为活泼气血，荡除积滞，去除疲累，预防流弊。简介数法于下。

1. 干洗脸：将掌心搓热，抹面数转，可除困提神。

2. 干梳头：用手指向后梳理头发数遍，或按压数次头皮，可清脑醒神。

3. 两手夹搓两耳数次，或用拇、食两指钳住耳垂，向下拔拉数下，可聪耳明目。

4. 前扑跪地，礼拜数次，非关迷信与其他糟粕，可舒松背脊及腰胯等部筋骨。

5. 擦按周身，特别是多擦按重要经脉与穴位，可通经活络。要适度用力，间有酸麻感、温热感、舒适感等，因人而异。

6. 缓缓散步一会儿，间或踢踢腿、甩甩手，活动肢体，以恢复常态。

第七章

武当玄武内功

“玄武，北方之神，龟蛇合体”，武当山即玄武道场，玄武派由此得名。

玄武内功，练法独特，完整全面，功效显著，练之可强筋骨，健百骸，活气血，增力量。

本功共14式，各式皆有妙用。坚持练习本功，练到一定层次，还可激发潜能，所谓“增力又抗击，发力即伤敌”。

其歌诀曰：

擎天一柱把劲换，指天画地插掌连。
左右逢源发标掌，排山倒海腰腹坚。
金鼎铜炉丹田劲，道人稽首腿壮健。
双鞭断流臂肋强，龟蛇合体定下盘。
铜墙铁壁龟背硬，铜皮铁骨护胸前。
顶戴钢盔铁头猛，玄牛耕地锻铁拳。
金鼎倒立玄武法，九转归一还丹元。

一、擎天一柱把劲换

【练法】

1. 两脚并步，正身直立（传统练法要求面南背北）；两掌垂于体侧，全身放松；自然呼吸；目视前方。（图7–1）

图7–1

2. 以鼻深吸气；同时，左脚向左横开一步，成大开步，两脚间距宽于两肩，脚心含空；唇齿轻合，意念集中；目视前方。（图7-2）

图7-2

图7-3

3. 以鼻长呼气；同时，两掌伸臂，向下按地，指尖相对；上身前俯，两腿挺直；目视掌背。（图7-3）

4. 以鼻深吸气；起身，两掌握拳，用劲上提，举过头顶，两臂稍屈，拳面斜向上，拳心斜向里；目视两拳。（图7–4）

图7–4

图7–5

5. 气吸满后，以鼻快喷气；两拳沿体前下撑，置于肚脐前，拳心向下，拳面相对。（图7–5）

上述动作，反复练习36次，或自定次数。

【要点】

1. 初练者可以6次为度，逐渐增加。

2. 本功诸式，可连续练习，也可根据需要自行选练。

3. 本功各式呼吸，皆要用鼻。不要用嘴呼吸，或者张口开齿，会使气乱力散，很难聚气增力，从而减弱功效。

4. 每式开始时都是自然呼吸，气息平和，心神安定，全身舒松，蓄势待发。

5. 本功各式初练时，也可先不管呼吸，或用自然呼吸法。等动作熟练后，气力增长了，再配合或锻炼呼吸：或深吸气，或长呼气，或快喷气。

6. 本功各式初练时，速度宜慢，力度宜轻。等意气相合，功力增强后，再加大力度。

二、指天画地插掌连

【练法】

1. 两腿屈膝半蹲，成马步；两拳收抱腰间，拳心向上；自然呼吸；目视前方。（图7–6）

图7–6

2．左拳抱于腰间不动。以鼻深吸气；右拳变掌，向右、向上划弧，至右额角前侧时，勾腕成指尖向下。（图7–7）

图7–7

图7–8

3．以鼻快喷气；右掌迅速下插于裆前右侧，指尖向下，掌心斜向外。（图7–8）

反复练习36次。

4. 接练左掌动作，方法与上述右掌练法相同，唯姿势相反。（图7-9～图7-11）

左右练好之后，调匀呼吸，接练下功。

图7-9

图7-10

图7-11

三、左右逢源发标掌

【练法】

1. 马步蹲立；两拳抱于腰间，拳心向上；自然呼吸。（图7-12）

图7-12

图7-13

2. 左拳抱腰不动。以鼻深吸气；右拳变掌，向下经小腹前向左、向上、向右划弧，掌心向上，停于右胸前，前臂端平，掌心向上，指尖向左。（图7-13）

3. 以鼻快喷气；右掌翻转，掌心向下，先向左摆划，继伸臂向右标插而出，高与肩平；目视右掌。（图7-14、图7-15）

反复练习36次。

图7-14

图7-15

4. 接练左掌。（图7-16～图7-19）

图7-16

图7-17

图7-18

图7-19

四、排山倒海腰腹坚

图7-20

【练法】

1. 马步抱拳蹲立；自然呼吸。（图7-20）

图7-21

2. 以鼻深吸气；两臂向两侧伸臂提起，高与肩平，拳眼向上，拳面向外。（图7-21）

3．以鼻快喷气；同时，右拳下收，用拳心捶击小腹（丹田）；左拳向后，用拳背捶击后腰（约命门穴位置）。（图7–22）

4．然后深吸气蓄力。再以鼻快喷气；两拳换位击打，右拳捶后，左拳捶前。

连续练习36次。

图7–22

图7–22附图

图7–23

五、金鼎铜炉丹田劲

【练法】

1．两脚开立，略宽于肩；两掌下垂于两大腿前，掌心相对，指尖向下；自然呼吸；目视前方。（图7–23）

2. 以鼻深吸气；两掌向上提举，过头顶后两掌向里相合，指尖向上；目光上视。（图7-24）

图7-24

图7-25

3. 以鼻快喷气；两掌向前弧形下落，用掌外沿砸击小腹。（图7-25）

反复练习36次。

六、道人稽首腿壮健

图7-26

【练法】

1. 右腿独立，右膝稍屈；左腿盘膝，左脚外侧（踝骨部）贴靠于右膝上侧，脚尖斜向下；两掌相合于下颌前，指尖向上；自然呼吸；目视指尖。（图7-26）

图7-27

2. 以鼻深吸气；右腿缓缓下蹲；目视前下。（图7-27）

3. 以鼻快喷气；右腿用力伸膝立起，恢复初式。

反复练习36次。

4. 接着练习左腿蹲立功。（图7–28、图7–29）

图7–28

图7–29

七、双鞭断流臂肋强

图7–30

【练法】

1. 马步蹲立；两拳抱于腰间，拳心向上；自然呼吸；目视前方。（图7–30）

2. 以鼻深吸气；两拳变掌，掌心向上，指尖向前。（图7-31）

图7-31

图7-32

图7-32附图

3. 以鼻长呼气；两掌缓缓向前上推出，指尖向上，掌心向前，两臂伸直，高与肩平。（图7-32）

4. 以鼻深吸气；两掌向两侧直臂分展，指尖向上，掌心向外。至两臂一字平肩时，两掌后旋，屈指握拳，拳眼向上，拳面向外；两脚尖内扣助劲，此时气也吸好。（图7-33、图7-34）

图7-33

图7-34

5. 以鼻快喷气；两拳同时用拳轮夹击软肋；目光下视。（图7-35）

反复练习36次。

图7-35

图7-36

八、龟蛇合体定下盘

【练法】

1. 两脚开立，约同肩宽；两掌垂于体侧；自然呼吸。（图7-36）

2. 以鼻猛吸一口气；两脚跟提起，两前脚掌立地站稳；同时，两掌握拳，向左右两侧伸展，一字平肩，拳眼向上，拳面向外。尽力使身体上悬，但不能跳跃离地。（图7–37）

图7–37

3. 以鼻快喷气；两拳收抱腰间；以两前脚掌为轴，身体左转约180°，两腿屈膝下坐成盘步，上身尽量保持正直。（图7–38）

图7–38

图7–38附图

4. 坐步落地后稍停，以鼻把气吸好，把力蓄满。随即以鼻快喷气；两拳崩向左右，拳面向外，拳眼向上，约与肩平；目视左拳。崩拳发出时，要意气相合，内外协调，周身一致；不要使用僵力，要有弹性，顺势自然。（图7-39）

图7-39

5. 然后起身，练习右转体坐盘式。（图7-40～图7-42）左右循环练习36次。

图7-40

图7-41

图7-42

【劲意】

此功练时如能再加上意念，更有助于提神壮志，增强力气，提高功效。

即要有高能上天、低能入地、崩能开山之劲意。这是中国功夫的不传之秘，也是武当传统内功的独特之处。

起则用力高升，意可插翅入云；落则用力收缩，意可钻地穿身；崩则用力弹抖，意可开山分石。

勤加练习，自然功成，则身灵腰活，腿脚顺溜，两拳有劲。

图7–43

九、铜墙铁壁龟背硬

【练法】

1. 背墙站立，离墙适距，两脚分开，略同肩宽；两臂屈肘，两掌于胸前成抱球状，掌心相对，指尖向上；自然呼吸。（图7–43）

图7–44

2. 以鼻长呼气；两掌缓缓向前推出，掌心向前，两臂伸开，高与肩平。（图7–44）

3．以鼻深吸气；两掌缓缓向两侧直臂分展。（图7–45）

图7–45

图7–46

4．背部用力靠击墙壁，双臂稍屈挺紧，两掌变拳助劲；同时，以鼻快喷气。（图7–46）

反复练习36次。

十、铜皮铁骨护胸前

图7-47

【练法】

1. 面向墙壁，开步站立，离墙适距；以鼻深吸气；两拳左右伸展，拳眼向上，比肩稍低，挺胸收腹。（图7-47）

图7-48

2. 以鼻快喷气；左胸撞墙。（图7-48）

反复练习36次。

3. 然后换右胸撞墙，方法同上。

十一、顶戴钢盔铁头猛

【练法】

1. 两脚分开，与肩同宽，面墙而立；用头抵墙，两掌垂放体前，指尖向下；自然呼吸。（图7-49）

图7-49

图7-50

2. 以鼻深吸气；两掌握拳，展臂后扬，拳眼向上。（图7-50）

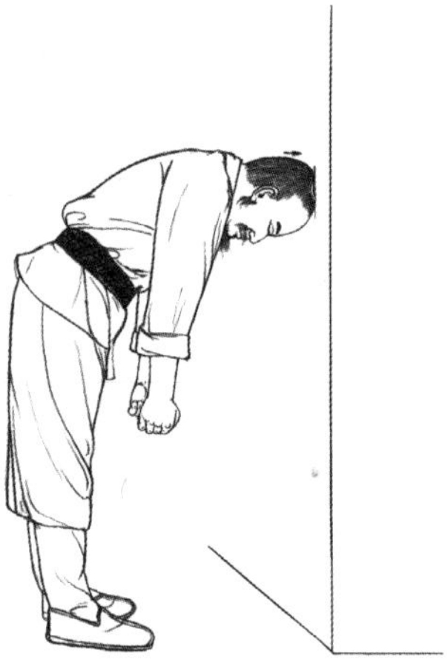

图7-51

3. 以鼻快喷气；两拳助劲，下摆里合，拳眼向前；同时，以头用劲抵墙前顶。（图7-51）

反复练习36次。

图7-52

4. 两拳姿势同前。以鼻深吸气；头顶后收，离墙约一拳。（图7-52）

5. 以鼻快喷气；用头前顶墙面。（图7–53）

反复练习36次。

由轻到重，防止受伤。

图7–53

十二、玄牛耕地锻铁拳

【练法】

1. 身体前趴，两拳面着地，两臂挺直；两腿相并，前脚掌着地；自然呼吸。（图7–54）

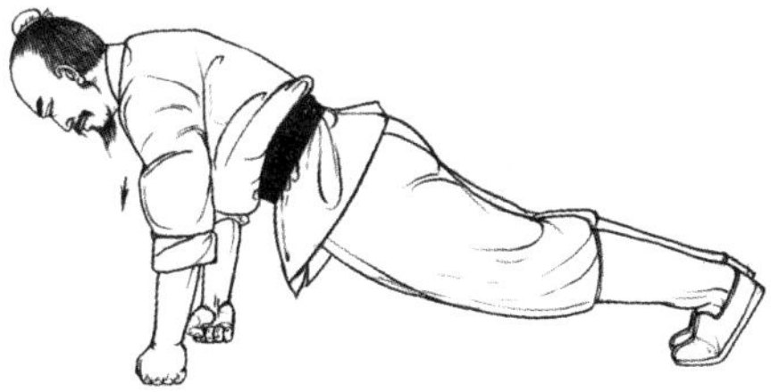

图7–54

2. 以鼻深吸气；手臂弯曲，向下俯身，缓缓近地。（图7-55）

3. 以鼻长呼气；双臂用力撑直。

反复练习36次。

图7-55

4. 单臂支撑，两拳互换，练法如上。（图7-56、图7-57）

图7-56

图7-57

十三、金鼎倒立玄武法

【练法】

1. 两拳面着地，身体倒立，脚后跟靠于墙壁上，双臂撑直；自然呼吸。（图7–58）

2. 以鼻深吸气；手臂弯曲，头部缓缓落地。（图7–59）

3. 以鼻长呼气；用力伸臂挺起。

反复练习36次。

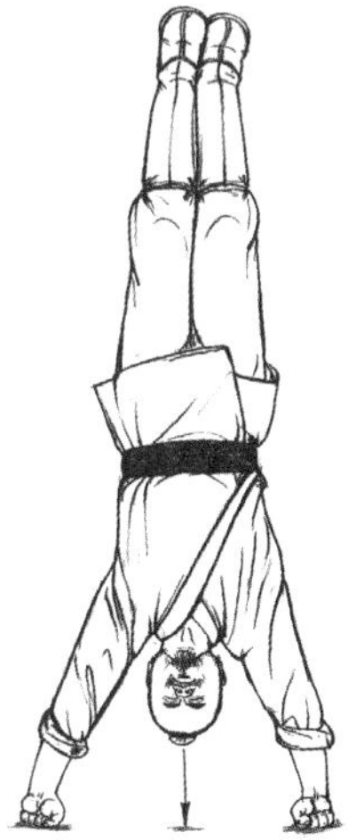

图7–58

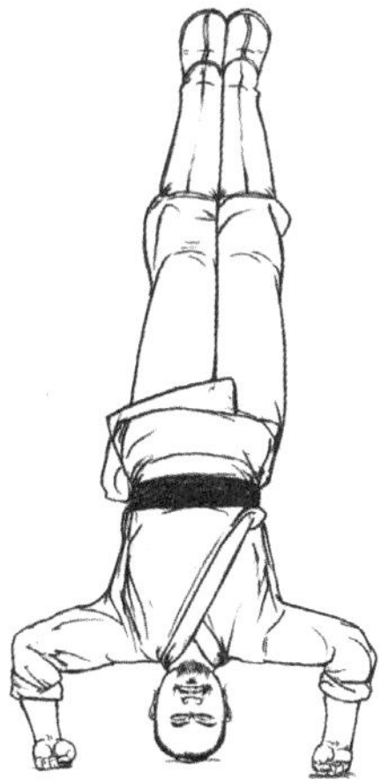

图7–59

十四、九转归一还丹元

图7-60

【练法】

1. 两脚开步，间距约超两肩，正身直立；两掌垂于体侧；自然呼吸。（图7-60）

2. 用鼻深吸气；两掌缓缓向两侧分举，掌心向上，至头顶时指尖相对，掌心向下。（图7-61、图7-62）

图7-61

图7-62

3. 以鼻长呼气；两掌缓缓下按至肚脐前，指尖相对，掌心向下。（图7-63）

图7-63

图7-64

4. 两掌翻转，掌心向上，全身放松；以鼻深吸短呼，3～6次。吸气稍深，呼气稍短，以补充元气，去除劳累。（图7-64）

5. 用鼻深吸气；两掌向两侧打开，捧至头顶，再下按脐部。此动是第2动与第3动的合动，动作一样，但气法不同。（图7-65、图7-66）

图7-65

图7-66

6. 两掌相抱丹田，左内右外（女性反之），正反各揉转36圈；同时，自然调息，使呼吸均匀，以恢复体力。本功收势。（图7-67）

图7-67

第八章

武当紫霄内功

武当紫霄派，据传为张三丰弟子刘古泉、杨善澄等人于武当山紫霄宫合创而成。

本功为武当传统内功，共分三种，一是丹田功，二是六阳功，三是三阴功，按法修炼，自有大用。

丹田功是其基础，练之可使人肺强气足，内能充盈。丹

田功练好了，逐次进阶，自可得阴、阳二劲。

六阳功是行气贯气法，通过“以意使气，以气贯力”练习，使人内壮外强，周身有力。

三阴功属旧传秘法，通过内功“意想假借”之法，激发潜能，增强内劲。

一、丹田功

（一）百川归海

【练法】

1. 稍微活动筋骨后，面南背北，盘膝坐下，脊椎正直；口目微合，舌抵上腭，左掌在内，右掌叠按于左掌背，两拇指指尖相接，掌心向上，置于丹田前。意守丹田，静心调息，鼻呼鼻吸，深长细匀，约3分钟。（图8-1）

图8-1

2. 然后，两掌以顺时针方向揉摩丹田36圈，速度均匀；自然呼吸，仍意守丹田，意想周身之气随着揉动慢慢充润丹田。（图8-2）

久则气聚丹田，可成“丹田内气”。

丹田内气，内功术语。传统古法认为，经过长期修习，在丹田可产生一种气感，可听人意念指挥，汇聚、贯注或发放。

灵活运用“丹田内气”，可发挥内功“意念力”（类似于“精神力量”），激发人体潜能，增强武术爆发力与耐久力。

图8-2

（二）推窗望月

【练法】

1. 接上式，两掌伸臂，对肩推出，掌心向前，指尖向上；以鼻呼气，意想内气从丹田随着前推而贯注双掌。（图8-3）

图8-3

2. 两臂收回肩前，指尖向上，掌心向前；以鼻深吸。（图8–4）

图8–4

图8–5

3. 再行推出，呼吸与意念同第1动。如此一收一推，缓缓从事。反复练习6～12次，也可根据体力自定次数，但不得过劳，反而伤劲散气。（图8–5）

此式练习气贯双掌，可增强手上内劲，并荡除积滞，去除手臂关节诸疾。

（三）劳宫开合

【练法】

图8-6

1. 开步正身站立，两脚间距约同肩宽；两肘屈曲，两掌相对于肩前，如抱球状，指尖向上，指尖约与颌平。定式后，意守丹田，自然呼吸，约3分钟。（图8-6）

此式练时不做深长呼吸，主要是为练习意念的集中，把所有心神都收归丹田，排除杂念，万念归一。

心念要自然收归，越是死守不放，越会感觉难守。初练者守不住也不要多想，顺其自然，慢慢练来即可。

图8-7

2. 接着以鼻深吸气；同时两掌向外拉开，至两肩外。（图8-7）

注意体会有气牵拉感（自然感觉，不要硬性追求，似有似无，可有可无）。

3. 两掌里合，缓缓对挤，约至抱球原位；以鼻长呼气。

注意体会有气对顶感。

再拉再挤，如此一开一合，反复练习6～12次。

二、六阳功

（一）二郎担山

【练法】

两脚开立，屈膝半蹲成马步；两掌向两侧推出，臂约平肩，掌心向外，指尖向上。（图8-8）

图8-8

定势后，先以鼻深吸气，意感气聚丹田；吸满气后，即以鼻长呼气，以意领气，意感内气由丹田贯注双掌。

如此一吸一呼，反复练习，力竭即止。

本法是静式运气行功法，外形不动，注重呼吸，配合意感，久练可“无中生有”，益气增力，既有助于蓄劲，又有助于贯劲。

（二）真武拧绳

【练法】

先制作一把练功竹筷或木筷，外面箍紧。

练功时，两手握住两端，下盘蹲成马步。先以鼻深吸气，意感气聚丹田；吸满气后，即以鼻长呼气，意感内气由丹田贯注双手，意想双手力大无穷；双手同时向里或同时向外用力拧缠。（图8–9）

图8–9

如此一吸一呼，反复练习，力竭即止。

本法是动式运气行功法，双手用力，配合呼吸，加强意感，久练两掌可成大力，并且外柔内刚，黏劲十足，出手擒拿，敌莫能挡。

（三）青龙饮水

【练法】

1. 两掌按地，腰臀后挫，身成弓形；自然呼吸。（图8-10）

图8-10

2. 两臂缓缓弯曲，身体前探；以鼻深吸气，意感气聚丹田。（图8-11）

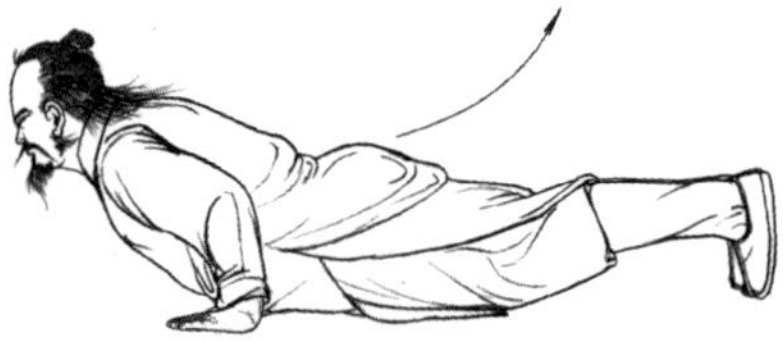

图8-11

3. 以鼻长呼气（练习久了，可用鼻喷气，提高速度），意感内气由丹田贯注双臂；双臂缓缓挺起，身体拱起。

如此反复练习，力竭即止，不要过劳。

本法久练，可使两臂屈伸自如，力量大增，且使全身贯劲，增强体质。

（四）灵猿攀枝

【练法】

1. 站于横杠前，两手上伸抓住杠；以鼻深吸气，意感气聚丹田。（图8-12）

图8-12

图8-13

2. 两手用力下拉，两臂勾屈，身体上升，至喉齐杠；以鼻长呼气，意感内气贯注双掌。（图8-13）

身体下降，接着再练。

反复练习，力竭即止。

久练双手有力，并贯劲腰腹。

（五）东海扬尘

【练法】

1. 找一敞口小盆或小缸，内盛清水，底部可铺一层细沙。马步蹲立；双掌一上一下，蓄势待发；自然呼吸。

2. 两掌向下，交替拍击，并不触水；采用发力喷气法，即拍击时喷气，意想内气贯掌，穿水振沙。收掌换式时，动作稍停，迅速吸气补气。（图8-14）

反复练习，力乏为止。

日久练习，掌劲巨大，且生暗劲，力量通透。

图8-14

（六）天王排山

【练法】

1. 在一方形木柱上绑一铁砂袋；弓步站立。

2. 两掌交替，推、拍、砍、摔，操练砂袋。采用发力喷气法，即掌触砂袋时喷气，意想内气贯掌，力大无穷。收掌换式时，动作稍停，迅速吸气。（图8-15、图8-16）

3. 练习久了，可结合步法走转，不断变换，掌击砂袋。更利实战，气法同上。

此法久练，内劲充足，双掌如铁，可开砖块、断石板，非常厉害。

图8-15

图8-16

三、三阴功

（一）风起云涌

【练法】

1. 盘膝而坐，头颈正直；两掌对肩前伸，掌心向外，指尖向前；舌抵上腭，以鼻自然呼吸，意守丹田，约3分钟。（图8–17）

图8–17

图8–18

2. 两掌外旋，缓缓收至肩前，掌心相对，指尖向上；以鼻迅速吸气，意感劲气贯双掌。（图8–18）

3. 两掌快速向前推开；同时，以鼻喷气，意感双掌似有内气外放，炸射而去。（图8-19）

初练时不要太快，仔细体会气感，逐渐加快，锻炼意念贯气与双掌暗劲，乃古传内功心法。

反复练习，次数不宜过多，以免伤气乱意。

图8-19

（二）雷霆万钧

【练法】

1. 在凳上点燃一支蜡烛。两腿屈膝半蹲成马步，距烛一两米；两拳抱于腰间。（图8-20）

图8-20

2. 两拳交替变掌，遥空推击烛火；推出时自然喷气，意想掌发火灭。（图8-21）

发掌时，劲要轻灵，弹性用力，筋肉舒松；不要硬性紧张，否则会把劲力练僵，而使气血凝滞，失却内功真义。

图8-21

（三）寒风透骨

【练法】

点燃两支蜡烛，前置一薄玻璃或塑料等透明之物，远距出掌遥击，练法参上。（图8-22、图8-23）

图8-22

图8-23

注意，此类武功，皆属传统旧传，乃内功“意想假借”之法，有助于激发潜能，增强内劲。今暂且保留，介绍出来，谨供参考，以期激发读者练功兴趣。

（四）收势

【练法】

姿势不拘；用两手以顺时针方向揉摩丹田36圈，速度均匀；自然呼吸，意想把周身散乱之气再揉聚丹田，复归本源。图略。

第九章

武当隐仙内功

隐仙派，武当内家秘派，此派注重内功修炼，以内丹之法而运气化劲，由内行外，“功劲玄妙，高隐难测”，故名。

其内功分为三种，一是一气法，二是行气法，三是贯劲法。

一气法是其入门内功，通过“降气法”“升气法”“抟气法”，养气练气，采气得气。

行气法是其内功进阶，通过导气引气、行气运气，使“意与气合，气与力合”，为内劲生发打下良好根基。

贯劲法是其内功重点，通过贯气注气、运劲发力，获得“内功之劲”，为进一步的强身或临敌所用。

鉴于篇幅，本书仅述其一气法。

一、降气法

【练法】

1. 两腿并步，正身直立；两掌垂于体侧，全身放松；目视前方。（图9–1）

图9–1

图9–2

2. 两脚以脚跟为轴，两脚尖用力向外分开，两脚掌约成一条直线。（图9–2）

3. 上身保持不动，再以脚尖为轴，脚跟向外（两侧）横撇，变成两脚脚尖向前，两脚平行站立，间距略宽于两肩。（图9-3）

图9-3

图9-4

图9-4附图

4. 凝神定气，两掌同时由下向前、向上缓缓抬起，掌心向下，高与肩平。（图9-4）

5. 坐腕竖掌，变成两掌心向前，指尖向上，全身仍保持舒松状态，肩部松垂。（图9-5）

图9-5

图9-5附图

图9-6

6. 左脚向外移动一步，两腿缓缓下坐；同时，两掌缓缓按至下腹前，两掌心向下，虎口相对，手指自然分开，不要加力。（图9-6）

此即为“降气桩”定势，下蹲不可太低，也不要太高；脊柱中正，尾闾前顶，两胯横撑。

7. 开始调息。下即介绍隐仙调息之“降气法”。

呼吸用鼻，口唇闭紧。呼吸时用意不用力，力求自然，但一定要缓慢悠长。

缓缓吸气，感觉有气（气感）由头顶下降，以意引之，贯注丹田。吸气时全身稍紧，下腹收提。

吸气完成后，即转为呼气。呼气时全身放松，感觉气存丹田。呼气时全身放松，下腹舒沉。

一吸一呼为“一息”，按传统练法，降气法以七息为“一轮”。练七轮方为“一次”，次第增加。

二、升气法

【练法】

接降气法之架，身体不动；只是缓缓地将两掌由内向外翻转成掌心向上，仍置于下腹前，手指分开略撑虚托，如托抱一大气球，不可加力。定势后，开始调息。舌抵上腭，鼻吸鼻呼。（图9-7）

图9-7

缓缓吸气，感觉有气（气感）由两脚底上升，以意引之，贯注丹田。吸气时全身稍紧，下腹收提。

吸气完成后，即转为呼气。呼气时全身放松，感觉气存丹田。呼气时全身放松，下腹舒沉。

一吸一呼为“一息”，按传统练法，升气法九息为“一轮”。练九轮方为“一次”，次第增加。

两桩气法，先降后升，主要是为锻炼人体内气的凝聚与通畅。“七降”由上通下，“九升”由下蒸上，排浊留清，积聚“真气”。进而周流全身，增强体质，激发潜能。

三、抟气法

通过上两法的“升阳降阴”练习，再经本法“旋转丹田，动气合气”，将身中“阴阳二气，抟聚为一”，使之成为内功追求的“浑元真气”。

按传统理论，呼吸是内功之基，丹田是真气之源，真气是内劲之本，内劲是内功之成。

【练法】

1. 接升气法之架，两掌缓缓内旋上提，至两肋侧成合抱式，指尖向前，掌心含空，向里相对。（图9-8）

图9-8

2. 身体向左缓缓旋转约90°，两脚摆扣，右腿蹬伸，成左弓步；两掌不动。（图9-9）

图9-9

图9-10

3. 左脚稍退，身体后坐，成左虚步；两掌不变。（图9-10）

4. 身体右转约180°，两脚摆扣，左腿蹬伸，成右弓步。（图9-11）

图9-11

图9-12

5. 右脚稍退，身体后坐，成右虚步；两掌不变。（图9-12）

如此左右各旋转8遍。

腰腹旋转，意注丹田，感觉似有真气在鼓荡、在旋动、在收敛、在聚集。

久则内气渐渐萌生，渐渐充盈，抟聚一团，内功有成。人则精神旺盛，体力充沛，身体强健。

6. 练好“挎气”，即将身体转正，身体直立，两掌放松下垂；两脚先内合脚跟，再内合两脚尖，后内合并齐两脚跟；调匀呼吸。（图9-13、图9-14）

图9-13

图9-14

四、收功法

以上三功，不管是单独练习，还是连续练习，都要收功。

此收功非常简单，但不可忽视。即如平常散步一样，缓缓走动，但走动时要意想丹田，进行调息。呼吸要深长、缓慢、细匀、柔绵，但也不宜过度，以不憋气、不气短为度。

如此练习，可清息养气，育真补元，畅通经络，去除疲劳，恢复体力，预防流弊，健身康体，深具收功妙用，而且比单纯散步养生效果好。所谓“大道至简”，不可忽视，非常有益。